계획이
실패가
되지 않게

계획이
실패가
되지 않게

반드시 결과를 내는
탁월한 실행의 기술

이소연 지음

completion

50%

다산
북스

Prologue

소음 속에서
길을
잃었을 때

어느 날 아침, 평소와 같이 눈을 떴는데 도저히 몸을 일으킬 수 없었다.

'어떻게 이렇게까지 피곤할 수가 있지?'

빨리 일어나 샤워를 하고 회사에 갈 준비를 해야 하는데 그럴 힘이 없었다. 지난 몇 달간 계속 피곤하고 기력이 없어 좀처럼 몸을 움직이기 힘들다는 자각은 있었지만, 이렇게 침대 밖으로 한 발짝도 내디딜 수 없을 정도로 소진되었다고 느낀 것은 처음 이었다.

회사에 연락해 병가를 받고, 한참을 천장만 바라보며 누워 있

계획이 실패가 되지 않게

었다. 혹시 건강에 문제가 있는 건 아닐까 싶어 병원을 찾아가 피검사를 해보았는데, 모든 수치가 완벽하게 정상이라고 했다. 마음의 병이었다.

무슨 특별한 사건이 있었던 건 아니었다. 단지 현대를 살아가는 한국인들이 그러듯 나 역시 영문도 모르고 바쁜 삶을 살아왔다. 공부만 열심히 해서 좋은 대학에 들어가면 모든 일이 잘 풀릴 것이라는 선생님의 말을 믿었고, 안정적인 직장에 입사해서 꼬박꼬박 월급을 받으며 사는 삶이 최고라는 어른들의 말을 믿었다. 그렇기에 남들의 기대와 사회적인 요구에 부합하는 사람이 되고자 애를 쓰면서 살아왔다. 하지만 남들이 평생 직장이라 부러워하는 대기업에 취직하고 난 후에도, 승진과 결혼을 해야 하고 번듯한 집과 차를 갖춰야 한다는 등의 주위의 압력은 끝이 나지 않았다. 아무리 열심히 노를 저어도 앞으로 나아가지 않는 배에 타고 있는 느낌이었고, 결국 지독한 번아웃이 찾아왔다.

하루 이틀 쉬면 좋아질 줄 알았지만 그렇지 않았다. 휴직계를 내고 몇 달을 가만히 누워만 있었다. 지금까지와 같은 삶을 살 수는 없다는 생각이 들었지만, 나에게는 모든 걸 내려놓고 당장 세계 일주를 떠날 만한 돈도 없었고, 모든 것을 뒤엎고 처음부터 다시 시작할 수 있는 힘도 없었다. 내가 할 수 있었던 일은 현실을 직시하고, 망가진 부분을 조금씩 수리하며 삶을 추스르는 것이었다.

주위의 소음에 휘둘리며 살아온 대가가 너무나 컸기에, 앞으로는 나 자신의 성장과 행복에 집중하고 싶었다. 무엇보다도 내가 좋아하는 일, 내가 잘할 수 있는 일, 내가 즐겁게 시간을 보낼 수 있는 일을 찾아내 발전시키고, 나를 괴롭게 하는 것들을 찾아 삶에서 제거하는 일을 조금씩 반복했다. 그 결과 이직을 하고 직종을 바꾸고 새로운 취미를 발견하고 삶의 터전을 바꾸면서 나에게 맞는 삶을 꾸려나갈 수 있게 되었다.

번아웃으로 지쳐 무엇부터 시작해야 할지 막막하기만 할 때, 산처럼 쌓여 있는 많은 문제들 앞에서 선택과 집중을 하는 데 OKR이 큰 도움이 되었다. OKR은 인텔에서 고안되어 구글 등의 실리콘밸리 기업에서 널리 쓰이는 목표 달성 방법론 중 하나로, 나의 마음을 설레게 하는 야심찬 목표인 O^{Objectives}와 그 목표를 성취하기 위해서 달성해야 하는 수치인 핵심 결과인 KR^{Key Results}로 구성되어 있다. OKR을 통해 나에게 가장 중요한 목표를 정하고 달성하며 삶의 질을 점차 높이는 과정을 반복하면서, OKR이 기업뿐만 아니라 개인의 삶에 적용해도 많은 긍정적인 효과가 있다는 것을 스스로의 경험을 통해 알게 되었다.

적절한 목표를 설정하는 것만으로도 우리는 동기를 부여받아 더 많은 성취를 이룰 수 있다. O는 우리가 이루고 싶은 것의 이미지를 구체적으로 제시하여 단단히 중심을 잡아주고, 최종적인 목적지가 어디인지 알 수 있게 한다. KR은 길 위에서 방향을 잃지 않도록 우리를 안내해주는 이정표의 역할을 한다. 수많은 소음에 휘둘려 삶의 목적을 잃기 쉬운 현대인들에게 OKR은 정말 중요한 목표가 무엇인지, 그리고 어떻게 그 목표에 도달할 것인지를 친절하게 알려주는 효과적인 도구이다.

OKR을 실제로 삶에 도입하여 성공적인 결과를 내기 위해서는 OKR이 무엇인지 이론적으로 이해하는 것도 중요하지만, 그보다도 실천 과정에서 맞닥뜨릴 수 있는 예상치 못한 문제에 대응하는 능력을 갖추는 것이 더 중요하다. 따라서 이 책에서는 OKR을 중심 내용으로 다루면서도, 밀접한 분야의 다양하고도 실용적인 지식을 함께 담아 독자들이 OKR을 자신의 삶에 맞는 방향으로 적용하는 데에 도움을 줄 수 있도록 했다.

OKR, 즉 목표와 핵심 결과를 설정하고 난 후에는 구체적인 계획을 수립하고 꾸준히 실천을 하는 과정이 뒤따른다. 구글은

OKR의 진척 상황을 확인하기 위해 정기적인 일대일 면담을 실시하고 있으며, 실리콘밸리의 거인들은 일주일 단위로 반복되는 실행 리듬을 만들어나가는 것이 중요하다고 설파한다. 나는 프로젝트 매니저로 일하며 알게 된 지식들을 OKR과 조합하여 적용하며 내 삶에 의미 있는 변화를 이끌어냈다. 그래서 이 책에서는 할 일을 쪼개는 법, 계획을 수립하고 진행 상황을 추적하는 법과 같이 OKR을 끝까지 추진할 수 있도록 도와주는 프로젝트 관리에 대한 기본적인 지식을 여럿 소개하고 있다. 그밖에도 기업이 아닌 개인의 삶의 영역에서 OKR을 적용할 때 시너지를 낼 수 있는 자기 계발 관련 지식의 핵심과 적용법을 다뤘다.

바쁜 일상 속에서 많은 일에 치이다 보면 망망대해에서 길을 잃고 표류하고 있는 것 같은 느낌이 들 때가 있다. 그럴 때에는 나에게 가장 중요한 목표 몇 가지를 추려내어 집중하기 시작하면 앞으로 나아가야 할 방향이 보이기 시작한다. 타인의 목소리가 아닌 나 자신의 내면에서 들려오는 소리에 귀를 기울이고 스스로 목표를 설정하고 달성하는 일을 반복하다 보면, 점차 내 삶을 내 뜻대로 통제하고 개척할 수 있다는 것을 알게 된다. 여러

분도 이 책과 함께 좋아하는 일을 점점 잘하게 되는, 스스로에게 맞는 행복한 삶을 일구기 바란다.

2021년 11월

이소연

contents

Part 3   그래서, 어떻게 하면 될까

Part 4   성공적인 프로젝트에서 마음에 드는 삶으로

Part 1

더욱 즐거운 삶을 위한
OKR

Chapter 01

자기 계발은
원래
즐겁다

피아노가 지겨웠던 이유

나는 다섯 살 때부터 피아노를 배우기 시작해서 열한 살쯤에 그만두었다. 어린 시절 나의 기억에 남아 있는 피아노 학원은 고통의 연속이었다. 지루한 하논, 더 지루한 체르니. 그 지루한 곡들을 매일 반복해서 연습한 후 진도표에 동그라미를 채워가야 했다. 숙제를 다 해 가지 못하면 혼이 났고, 레슨 중에 건반을 잘못 누르면 피아노 선생님은 연필로 내 손가락을 때렸다. 세상에 피아노처럼 고통스러운 것은 없는 것 같았다.

하지만 성인이 된 지금, 어린 시절을 돌아보면 피아노처럼 즐거운 것을 왜 그렇게 고통스럽게 배워야 했는지 이해할 수 없다. 내가 좋아하는 곡을 열심히 연습해서 멋지게 쳐냈을 때의 희열은 이루 말할 수 없이 강하고, 악기 연주처럼 평생에 걸쳐 삶을 풍요롭게 해주는 취미도 드물다. 어릴 때 진작 이 즐거움을 알았더라면 피아노를 그만두지도 않았을 테고, 피아노를 더 오래 배웠다면 지금은 쇼팽의 '추격'이나 리스트의 '라 캄파넬라'와 같이 어려운 곡도 유려하게 칠 수 있었을 텐데.

어릴 적 피아노 수업이 고통스러웠던 이유는 그 과정에 어떤 자율성도 없었고, 피아노를 연습해서 이루고 싶은 나의 목표가 무엇인지 전혀 보이지 않았기 때문이다. 지금 와서 생각해보면 나는 딱히 조성진 같은 피아니스트가 되려는 것도 아니었다. 지금의 내가 피아노로 이루고 싶은 것은 간간이 좋아하는 곡을 치거나 밴드 활동을 하면서 평생 즐겁게 연주를 하는 삶이다. 하지만 어린 시절의 나에게 그런 비전은 주어지지 않았다. 무지막지한 하논 반복 연습은 무조건 해야 하는 일일 뿐이었다. 목표가 보이지 않으니 방법도 틀렸고, 결국 나는 의욕을 상실하고 말았다.

내가 피아노로 이루고 싶은 것을 정확하게 알게 된 이후로 나는 직장에서 밴드 활동을 하는 동료들과 함께 팝송을 커버하기도 하고, 취미로 피아노를 연주한다는 친구와 함께 그랜드 피아노를 빌려 연습을 하거나 서로 연습해온 곡을 들려주는 작은 피아노 모임에 참가하기도 한다. 가끔 손가락을 풀기 위해서 하논을 치지만 내가 좋아하는 다른 곡들을 더 잘 치기 위한 기초 실력 단련 과정이라는 것을 이해하고 나니 고통스럽지 않다.

이런 경험은 피아노에 한정된 게 아니다. 학생 시절 나는 아이가 남들에게 뒤처질까 봐 조급했던 부모님 아래서 온갖 학원을 전전했다. 청소년기 내내 모든 걸 참고 공부에만 전념하라는 일방적인 억압을 견뎌낸 결과 타고난 호기심도, 배움의 즐거움도 잃어버렸다. 이 시절의 나처럼 남들이 정해준 목표를 쟁취하기 위해서 아등바등 살아가며 배움과 자기 계발의 즐거움을 알지 못하거나 의욕을 잃어버린 사람들이 한국 사회에 많다.

"그까짓 시간 조금 쪼개 써서 자기 계발을 한다고 무슨 대단한 성취를 이루겠어?", "자기 계발은 삭막한 경쟁 사회에서 우위를 점하려는 기득권이나 하는 짓이다", "노오오오력해봤자 아무것도 안 바뀐다"는 등 가시 돋힌 반감을 쏟아내는 사람들을 이제껏 많이 보았지만, 이들이 말하는 자기 계발은 자신의 목표와 의지와는 상관없이 남들에게 휩쓸려서 고통스럽고 강제적으로 임하는 것이라는 전제를 깔고 있다.

하지만 모르던 것을 알게 되고, 못하던 일을 조금씩 더 잘하게 되는 과정은 원래 즐겁다. 자기 계발은 이처럼 스스로 좋아하는 일에 자발적으로 시간과 노력을 투입하는 것이다. 그렇지 않고 부모님이 명문대에 가야만 한다고 하니까, 혹은 회사가 규정한 시험에 통과해야 하니까, 남들이 말하길 공무원은 평생 철밥통이라고 하니까 같은 이유로 억지로 공부를 하고 있다면 그것은 자기 계발이 아니라 강제 계발이라고 고쳐 써야 할 것이다.

이 책을 읽고 있는 독자들도 내가 피아노를 배우면서 경험한 것과 같이, 본래 좋아하던 일이었지만 제대로 된 목표를 그려보지 못하고 잘못된 방법론으로 접근하여 흥미를 잃어버렸거나 지레 겁을 먹고 '나는 이 분야에 재능이 없어'라고 속단하여 포기해버린 무언가가 있을 것이다. 그것은 스포츠일 수도 있고, 외국어일 수도 있으며, 예술이나 창작 활동일 수도 있다. 무작정 강요되는 지루한 기초 연습이나 암기식 학습을 견디다 못해 포기해버리기 직전이라면 내가 이 분야에서 뛰어난 실력을 쌓으면 어떤 모습이 되어 있을지, 그 실력을 이용해서 어떤 삶을 살고 싶은지, 결국 내가 이것을 하고 싶은 이유는 무엇인지에 대해서 먼저 큰 그림을 그려보면 좋겠다.

이것이 바로 이 책에서 소개할 OKR^{Objectives and Key Results} 목표와 핵심 결과의 O 부분, 즉 목표이다. 목표를 언제든지 머릿속에서 떠올릴 수 있는 명확하고 구체적인 이미지로 구축해둔다면 자연스럽게 그 목표를 달성하기 위한 가장 좋은 방법을 택하게 되고, 실행 과정에서 동기가 부여된 상태를 오래 유지할 수 있다. 피아노를 연습하는 나의 동기가 '노년이 되어서도 즐겁게 밴드 활동을 하면서 삶을 풍요롭게 가꿔가는 아마추어 음악인이 되자'라는 구체적인 이미지에서 비롯한 것처럼 말이다.

구글의 성공 공식을 만나다

내가 OKR과 프로젝트 관리법에 대해 알게 된 것은 커리어의 전환을 고민하면서부터였다. 성적에 맞춰 컴퓨터 공학을 전공하고 일본의 대기업에서 소프트웨어 엔지니어가 된 나는 수년을 일하고 나서도 이 일이 맞지 않는다고 느꼈다. 커리어의 다른 가능성을 찾던 나는 당시 일본에서 수요가 늘고 있던 프로젝트 매니저의 길에도 호기심이 생겼다. 프로젝트 매니지먼트란 목표를 쪼개 팀원들에게 분담한 뒤 진척 상황을 확인하고 예상치 못한 문제가 발생하면 해결하는 일이었다. 이때 익힌 프로젝트 관리법에 대한 전문 지식은 일터뿐 아니라 내 일상에도 큰 변화를 가져다주었다.

OKR에 대해서 처음 알게 된 것은 2014년의 봄, 미국 브루클린에서였다. 당시 나는 UX 디자인에도 관심이 깊어 디자인을 배우고자 국내외를 가리지 않고 관련된 각종 모임을 적극적으로 찾아다녔다. 인터넷에서 도움이 될 만한 학회나 박람회의 정보를 찾고 있던 중 '리디자인RE:DESIGN 콘퍼런스'라는 UX 디자이너를 위한 이틀간의 프로그램이 눈에 띄었다. 나는 학구열에 불타올라 당시 살던 도쿄에서 비행기로 14시간이나 걸리는 뉴욕으로 향했다.

그 자리에 스피커로 초빙되었던 사람이 바로 『구글이 목표를 달성하는 방식 OKR』의 저자 크리스티나 워드케였다. 그는 마이스페이스와 징가 등의 실리콘밸리 기업을 거쳐 워드케 컨설팅을 설립해 수많은 스타트업을 키워낸 비즈니스 컨설턴트로, OKR이 어떻게 여러 기업에서 큰 성장 동력으로 작동했는지에 대해 적극적으로 증언했다.[1] 인텔에서 고안하고 구글이 본격적으로 도입했던 목표달성법, OKR의 개념은 꽤나 직관적이었다. O는 목표Objectives를 뜻하고 KR Key Results은 핵심 결과를 말하는데, O가 좀 더 근본적이고 질적인 변화를 추구하는 궁극적인 꿈이라면, KR은 그 목표의 성공을 판정하기 위해 사용되는 수량화된 기준이다. 놀랍도록 간단한 개념이었지만 막상 그 자리에서 자신의 OKR을 설정해보라고 하자 어떻게 해야 하는지 도저히 감이 잡히지 않았다. 때마침 옆자리에 앉아 있던 참가자가 구글의 디자이너였고, 그는 회사에서 OKR을 쓴다며 자연스럽게 자신의 O와 KR을 적어 보여주었다. 내 목표와 핵심 결과도 보여주자 그는 KR을 좀 더 야심차게 정해보라고 조언해주기도 했다.

콘퍼런스가 끝나고 도쿄로 돌아온 이후에도 OKR은 오래도록 기억에 남았다. 당시에 재직 중이던 야후 재팬에서 OKR을 도입해보면 어떨지 제안했더니 팀장이 선뜻 받아들여 팀원들끼리 자신의 OKR을 설정해보기도 했다. 하지만 회사에는 이미 인사 평가 시스템이 존재했고, 우리 팀의 멤버들끼리만 따로 OKR을 설정해 실행하는 일은 쉽지 않았다. 알고 보니『OKR: 전설적인 벤처투자자가 구글에 전해준 성공 방식』의 저자 존 도어 또한 OKR을 달성하려면 경영진의 열의가 가장 중요하다고 했을 정도로, 회사에서 OKR을 도입하기 위해서는 경영진의 적극적인 지지가 필수적이었다.

구글의 방법을 내 것으로 만들다

회사에 OKR을 전파하는 데 실패한 후, 이번에는 나의 개인적인 목표를 달성하기 위해서 OKR을 사용해보면 어떨까 하는 생각이 들었다. 나 혼자 하는 프로젝트라면 경영진에게 승인을 받을 필요도, 새로운 것을 받아들이는 데 거부감을 느끼는 동료들의 반발을 살 필요도 없이 마음껏 적용해볼 수 있을 것 같았다. 그래서 당장 시작했다. "멋진 수영인이 되자!"라는 O를 설정하고, 다음과 같은 세 가지 KR을 설정해보았다.

KR1 자유형 500미터 10분 안에 주파하기
KR2 접영 연습 50킬로미터
KR3 수영장 100번 가기

이전까지 나는 자유형은 곧잘 했지만 항상 느릿느릿해서 속도를 좀 더 높여보고 싶었고, 접영은 연습량 자체가 적어 실력이 늘지 않았으므로 1년간 총 50킬로미터의 연습 거리를 확보해보려 했다. 그리고 적어도 일주일에 2번 정도는 수영장에 가는 습관을 들이기 위해서 1년간 수영장에 100번 가는 것을 핵심 결과로 정했다.

계획이 실패가 되지 않게

그러고 나자 할 일이 명확해졌다. 자유형 기록을 정확하게 재기 위해서 수영 속도를 측정해주는 스마트 워치를 구입했고, 매번 수영을 마치고 나서는 데이터를 뚫어지게 바라보며 어떻게 속도를 개선할 수 있을지 고민했다. 또 1년에 접영을 50킬로미터나 연습해야 한다고 생각하니 수영장에 한 번 갈 때마다 적어도 500미터는 접영 연습을 하려고 시도하게 되었다. 그리고 1년에 100번 수영장에 간다는 목표를 지키기 위해서 매주 2번 이상 꼬박꼬박 수영장에 갔다. 아침에 일어나면 '오늘은 수영을 더 잘해야지!'라는 의욕이 솟았고, 점점 수영 연습을 더 하고 싶어서 일주일에 2번이 아니라 4번씩 수영장으로 향했다. 결국 1년 후 핵심 결과 1번과 3번은 달성할 수 있었지만, 2번의 접영 연습량은 너무 과도하게 설정했다는 것을 깨달았다.

핵심 결과를 전부 완벽하게 달성하지는 못했지만, 1년 동안 스스로 OKR을 설정하고 나의 삶에 적용하는 과정을 거치고 나자 수영 실력이 훌쩍 성장한 것은 물론 OKR이 기업에서뿐만 아니라 개개인의 삶에서도 훌륭한 길잡이가 되어줄 수 있다는 것을 실감했다.

OKR이나 그 외의 프로젝트 관리법들은 한마디로 실행의 기술이라고 할 수 있다. 나는 항상 마음이 조급하고 성격이 급해 계획한 일이 통제할 수 없는 방향으로 흘러가거나 단기간에 성과가 나지 않으면 쉽게 좌절했다. 영어 공부를 예로 들면, 한 달쯤 치열하게 토익 공부를 하다가 시험을 치고 나서 성적이 좋지 않으면 한동안은 영어 문제집을 쳐다보지도 않는 식이었다. 하지만 프로젝트 관리를 공부하고 실행해보며 목표 달성의 구체적인 요소를 이해하게 되었다. 목표한 일을 달성하기 위해서는 성공이 무엇을 의미하는지에 대한 명확한 정의와 적절한 기간 설정, 세밀한 계획 수립, 또 꾸준하고 성실하게 나의 성장을 확인해나가는 루틴의 구축이 단기간의 성과보다도 훨씬 더 중요하다. 이렇게 체계적으로 목표 달성을 관리하면 장기적으로 더 큰 성취를 이룰 수 있다는 것을 깨달았다.

프로젝트 매니저로 일하면서 배운 지식들을 내 일상에 적용하고, 내가 좋아하고 잘할 수 있는 커리어를 꾸준히 추구한 결과, 지금은 나의 적성에 딱 맞는 UX 디자이너이자 리서처로 재능을 발휘하며 즐겁게 일하고 있다. 고등학교 시절 이해가 되지 않는 문법을 억지로 암기하고 어렵게 꼬아 놓은 수능 지문을 읽으면서 내가 가장 싫어하게 된 과목이었던 영어에도 다시 도전할 수 있었다. 꾸준히 장기간 영어 공부를 했더니 영어로 이력서를 쓰고 면접을 볼 수 있을 정도로 실력이 늘었고, 그러자 일본을 벗어나 홍콩의 외국계 기업으로 이직할 수 있는 기회가 생겼다. 나는 지금도 일상적으로 운동을 하고, 중국어 공부를 하고, 글쓰기나 그림 그리기와 같은 창작 활동을 활발하게 하고 있다. 만일 프로젝트 관리와 OKR에 대해서 알지 못했다면 이 모든 일을 지속할 동기를 유지하기 힘들었을 것이다.

꼭 한 번은 해봐야 할 실전 매뉴얼

OKR도, 어떤 프로젝트 관리법도 모든 다짐을 저절로 이루어지게 만드는 마법은 아니다. 하지만 막연히 '수영을 더 잘하고 싶어'라고 생각하는 것과, 직접 측정할 수 있는 세부 목표를 갖고 있는 것은 그 결과에 확실한 차이가 있다. 항상 의욕만 앞서고 구체적인 실천 과정에서 작심삼일과 유야무야의 덫에 빠지곤 하는 사람이라면 분명히 OKR이라는 훌륭한 도구가 도움이 될 수 있다. 목표에서 결과로 가는 길이 늘 멀게만 느껴졌던 사람들이 꼭 한 번 시도해보았으면 좋겠다.

나는 독서를 좋아해 어릴 때부터 온갖 책을 읽었다. 어떤 책들은 평생에 걸쳐 여운을 남기며 나의 인생에 긍정적인 변화를 가져다주었지만, 어떤 책들은 마지막 페이지를 덮자마자 잊혀지고 말았다. 특히 많은 자기 계발서의 경우, 읽고 있는 동안에는 자극을 받아 무엇이든 할 수 있다는 생각이 들었지만 책을 다 읽고 나면 이것을 구체적으로 나의 삶에 어떻게 도입해야 할지 막막할 때가 많았다. 유명인이 쓴 성공담을 읽을 때는 더욱 그랬다. 자신이 본업에 집중할 수 있도록 온갖 잡무를 맡아주는 비서를 두고 있는 CEO, 귀찮은 일을 뭐든지 돈으로 해결할 수 있는 재력을 가진 이들의 글은 재미는 있었어도 그들의 방법을 나의 삶에 직접 도입하기에는 어려운 점이 많았다.

나는 보다 평범한 사람들이 쉽게 배울 수 있고, 자신의 삶에 쉽게 적용할 수 있으며, 실천 과정에서 지속적으로 도움이 될 수 있는 검증된 방법을 널리 알리고 싶었다. 그래서 나는 이 책에서 수많은 성공 기업에 도입되어 지금껏 가시적인 성과를 올려온 지식 체계인 프로젝트 관리와 목표 달성 방법론인 OKR을 소개하고, 어떻게 개개인의 일상에서 이를 적용하고 실행할 수 있는지를 구체적으로 제시하고자 한다. 각기 다른 환경에 놓인 평범한 이들에게 목표를 달성하는 실질적인 도구를 쥐여주고 싶다.

이 책은 마음만 먹으면 혹은 어떤 공식만 따르면 누구라도 뭐든지 해낼 수 있다면서 부풀려진 희망을 주입하는 책이 아니다. 나는 "할 수 있어!"라는 마음가짐을 가지고 동기 부여를 받는 것도 중요하지만 그 이상으로 실천하는 과정을 꾸준히 관리하는 것이 더욱 중요하다고 믿는다.

목표는 세웠지만 어떻게 시작해야 할지 막막할 때, 의욕이 앞서고 생각은 많지만 실질적인 성과를 어떻게 내야 할지 감이 잡히지 않을 때, 지금까지의 성과가 마음에 들지 않아 도중에 포기해버리고 싶을 때 도움이 될 책을 썼다. 그런 순간마다 이 책은 여러분의 등을 떠밀어주며 포기하지 않도록 격려하는 조력자가 되어줄 것이다. 여러분이 책을 덮고 난 이후에도 기억 속에 오래 남아 실제로 삶을 변화시키고, 각자 큰 성취를 이루는 데에 공헌하는 실전 매뉴얼이 되기 바란다.

Chapter 02

좋아하는
일을
잘하는 법

배고프지 않아도 꿈은 이룰 수 있다

학생 시절, 나의 미래와 진로에 대해 생각하면 생각할수록 미
궁에 빠진 것 같았다. 끊임없이 치러야 했던 모의고사와 성적순
으로 줄을 세우는 것에 불과한 진로 상담 사이에서 나는 완전히
길을 잃었고, 내가 좋아하는 일을 찾아 직업으로 삼으려면 어떻
게 해야 하는지 전혀 감이 잡히지 않았다. 나는 독서를 즐겼고
그림을 그릴 때 더없이 행복했기에 문학이나 미술의 길을 걷고
싶다는 생각도 해보았지만, 경제적인 이유로 쉬운 선택이 아니
었다.

수능이 끝나고 나서는 깊은 고민 없이 성적에 맞춰 컴퓨터 공학과에 진학했다. 공부가 쉽지 않아 도중에 전공을 바꾸려는 생각도 해보았지만 그때마다 생계에 대한 걱정이 뒤따랐다. 컴퓨터 공학과를 졸업하면 쉽게 취직을 해서 적지 않은 월급을 받을 수 있었지만, 지금 와서 순수 예술로 전공을 바꾼다면 그에 따라 포기해야 하는 기회비용도 컸고, 졸업 후에 순조롭게 취직을 해서 안정된 생활을 꾸려나갈 수 있을지에 대한 확신도 서지 않았다. 결국 나는 보다 많은 일자리와 높은 임금, 산업의 성장 가능성과 같은 현실적인 조건을 고려해 컴퓨터 공학 공부를 마친 뒤 관련 직장에 취직하기로 했다. 생계를 위한 일과 좋아하는 일 사이에서 고민하다가 결국 타협한 것이다.

한국의 많은 직장인들이 나와 비슷한 경험을 했을 것이다. 어릴 적에 품었던 운동선수, 가수, 배우, 작가, 과학자의 꿈을 묻어두고 현실적인 문제로 인해 결국 다른 분야에 종사하고 있는 사람이 적지 않을 것이다. 나는 그런 선택을 한 모든 직장인들이 현명한 결정을 내렸다고 생각한다.

미국의 심리학자 에이브러햄 매슬로의 욕구단계설에 의하면, 인간이 가지고 있는 가장 원초적인 욕구는 생명을 유지하기 위해 의식주를 해결하려는 생리적 욕구이며, 그 욕구가 해결된

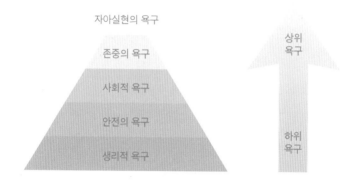

자아실현의 욕구

존중의 욕구

사회적 욕구

안전의 욕구

생리적 욕구

상위
욕구

하위
욕구

매슬로의 5단계 욕구 피라미드

다음에는 심신에 가해지는 위협이나 불안정성을 회피하려는 안
전의 욕구를 충족하려 든다고 한다. 생리적 욕구와 안전의 욕구
를 동시에 채워줄 수 있는 안정적인 본업을 선택하는 건 꽤 합리
적인 의사 결정이다.

　매슬로의 욕구 단계의 가장 상층에 위치하는 것이 바로 자아
실현의 욕구이다. 인간은 생리적 욕구, 안전의 욕구, 나아가 사
회적 욕구와 존중의 욕구가 채워지면 비로소 자신의 잠재력과
창의성을 발휘해 능력을 발전시키며 스스로 성장하려는 욕구
를 느낀다. 이 자아실현의 욕구를 해결해줄 수 있는 활동이 바
로 좋아하는 일에 몰두하며, 배움이나 창작, 문제 해결을 통해서

사회에 공헌하는 것이다. 많은 미디어에서 "너의 꿈을 좇아!"라며 생계보다도 꿈을 우선하는 삶을 낭만화하고 회사원이 단조로운 일상에서 벗어나 예술가가 되어 세계를 방랑하는 이야기나 냉혹한 변호사가 일을 그만두고 여행을 떠나 인간미를 되찾은 이야기 등을 쏟아내지만, 그다음은 말하지 않는다. 예술가가 된 회사원의 노년은 어떤 것이었을까? 여행에서 돌아온 변호사는 어떤 대우를 받으며 재취업할 수 있었을까? 끼니는 꿈에 우선한다. 내가 이야기하고자 하는 것은 극단적으로 끼니와 꿈 사이에서 선택할 필요는 없다는 말이다. 먼저 생계와 안전을 어느 정도 해결할 만한 본업을 만들고 나서도 내가 좋아하는 일을 발전시켜나갈 방법은 있다.

좋아하는 일이 직업이 된다고 해도

운 좋게 좋아하는 일을 직업으로 삼고 있는 사람이라 하더라도, 직장에서 자신의 창의성을 온전히 발휘하기는 쉽지 않다. 상사나 고객의 요구에 맞춰가며 꼬박꼬박 월급을 받기 위해서는 나의 아이디어를 희생해야 하는 일이 부지기수이다. 열정을 품고 시작한 일이라도, 주위의 요구와 조건에 맞추다 보면 마음에 들지 않는 결과가 나올 때도 많다. 그러한 일이 반복되다 보면 불만이 쌓이고 '이건 돈벌이니까 모든 걸 내 마음대로 할 수는 없겠지'라면서 점점 선을 긋고 타협하게 되며 결국 본업에 흥미를 잃게 된다.

나는 소프트웨어 엔지니어에서 UX 디자이너로 직업을 바꾸고 난 후 업무가 적성에 맞아 일을 훨씬 더 좋아하게 되었다. 하지만 나의 잠재력을 백 퍼센트 발휘할 수 있는 직장을 찾을 수는 없었다. 기업에 소속되어 그 기업이 만들어내는 특정 상품과 서비스의 디자인을 담당하는 인하우스 디자이너라면 상사나 타부서의 요구로부터 자유로울 수 없으며 한정된 범위의 주어진 일만 반복하게 된다. 기획 단계에서 사내 정치에 말려들어 디자인이 아닌 일에 에너지를 쏟아야 하는 일도 흔하게 있다. 만약 운이 나빠 프로젝트에 도움도 주지 않으면서, 성과가 나면 재빠르게 자신의 공적으로 돌리려고 하는 상사와 일하게 되면 창의성은커녕 인간성조차도 바닥나게 된다.

에이전시에 소속되어 클라이언트의 일을 하는 사람도 크게 다르지 않다. 간혹 가다 에이전시 디자이너의 전문성을 인정해주고 자유롭게 창의성을 발휘할 수 있도록 여지를 주는 클라이언트도 있지만, 대부분의 클라이언트가 사소한 디테일까지 자

계획이 실패가 되지 않게

신의 마음에 쏙 드는 결과물을 만들어 눈앞에 대령해주기를 바란다. 이전에 담당했던 프로젝트에서는 경고 메시지를 빨간색으로 표시한 디자인을 클라이언트에게 보여주었더니, 빨간색이 싫다면서 다른 색깔로 디자인을 해달라는 요청을 받았다. 경고 메시지를 빨간색으로 표시하는 것은 디자이너의 선호도 때문이 아니다. 사용자로 하여금 위급한 상황을 직감적으로 느끼도록 하려는 목적에서 비롯된 것이다. 디자이너는 어떻게 해야 더 많은 사용자들이 쉽게 디자인을 이해하고 사용할 수 있을까 궁리하는 데 많은 시간을 들이는데, 계속해서 개인적 취향에 따라 걸고넘어지는 클라이언트를 만나 의견이 매번 기각된다면 점점 좌절감이 쌓이게 된다.

온종일 정해진 레시피대로 야채를 쌓고, 패티를 구워 햄버거를 조립하는 일만 반복하면 지루한 것은 물론이고 의욕도 점점 사그라든다. '마요네즈 빼주시고요, 토마토 추가요' 같은 식의 외부의 요구에 기계적으로 반응하다 보면 점차 의문이 생긴다. 나는 햄버거를 요리하는 셰프라고 생각했지만 사실은 햄버거를 찍어내는 공장인 것일까? 이 일을 굳이 내가 해야 할 필요가 있을까? 로봇이 더 잘하지 않을까? 주관이 있는 셰프라면 가끔은 비싸더라도 좋은 재료를 사용해 지금까지 그 누구도 맛본 적 없

는 독창적인 요리를 만들어보고 싶은 법이다. 생계를 위한 '주문형 창조'는 이렇듯 한계가 있다.[2]

내 가능성을 확장하는 사이드 프로젝트

그래서 나는 본업과 다른 꿈을 가진 사람이나 생계를 위한 창작 과정에서 직면하는 제약에 강한 불만족을 느끼는 사람이라면 업무와 관련 없는 자신만의 프로젝트를 시작해볼 것을 권한다. 아침이나 저녁, 주말 시간을 조금씩 할애해서 상사나 고객을 만족시키지 않아도 되는 창작 활동에 몰두해보는 것이다. IT 업계에서는 '사이드 프로젝트'라는 이름으로 직장에서의 본업과는 별개로 평소에 자신이 만들고 싶었던 애플리케이션을 개발해 수익을 창출하거나 사회 공헌을 목적으로 하는 공익성 프로젝트인 프로보노pro bono 활동에 참가하기도 한다. 이렇게 일과 별도로 내가 원하는 예술 창작이나 개발, 디자인 등의 활동을 한다면 열정을 쏟으며 창작 욕구를 채울 수 있다.

무에서 유를 창조하는 일은 항상 효율적으로 이루어지지 않는다. 창작 활동을 하다 보면 수많은 아이디어들이 떠올랐다가 사라지고, 또는 실행했다가 기각하거나 포기하게 된다. 완성한

계획이 실패가 되지 않게

결과물이 정작 마음에 들지 않는 일도 많다. 희귀한 천재 창작자가 아닌 이상, 좋은 창작물은 수많은 시행착오를 거듭한 결과 주어지기 마련이다. 그렇기 때문에 우리가 창의성을 발휘하고 좋은 성과를 내기 위해서는, 매 단계에서 다른 누군가에게 평가받거나 강한 규제를 받는 식으로 창작의 폭을 제한받지 않고, 수많은 아이디어를 떠올리고 실험할 수 있는 환경이 뒷받침되어야 한다. 생계를 위한 일에서 분리해 혼자서 진행하는 '개인 프로젝트'나 혹은 마음이 맞는 사람들과 팀을 구성해서 진행하는 '팀 프로젝트'는 우리가 본래 좋아하던 일에 품었던 열정에 다시금 불을 붙여주고, 하고 싶었던 것들을 마음껏 펼쳐놓고 시도할 수 있는 실험실이자 놀이터가 되어줄 수 있다.

지금과 같은 N잡의 시대에 독립적인 창작 프로젝트는 수입 창출에도 도움이 된다. 김뮤직 씨라는 사람이 있다고 가정해보자. 김뮤직 씨는 어릴 때부터 가수가 꿈이었다. 1990년대에 김뮤직 씨가 가수가 되려면 데모 테이프를 제작해서 대형 기획사에 보낸 후 연락이 오기를 간절하게 기다리거나, 가요제나 공개 오디션에서 심사위원의 마음을 울리는 특출난 재능을 선보이는 방법밖에는 없었을 것이다. 하지만 2020년대를 살아가는 김뮤직씨는 몇 분도 안 걸려 유튜브 채널을 개설할 수 있고, 노래하는 영상을 업로드해 구독자를 모을 수 있다. 만약 꾸준히 영상을 올리고 실력을 쌓아 인기를 얻는다면 매달 수십만, 수백만 원의 광고 수익을 올릴 수도 있고 새로운 기회로 이어질 수도 있다.

김뮤직 씨가 전업 가수의 가능성에 모든 것을 걸고서 아침부터 밤까지 노래 연습을 하고 아르바이트와 오디션을 전전하는 삶을 살고 있다면 미래에 대한 불안은 점점 커져갈 것이다. 무슨 일을 하든 금전적 지원을 아끼지 않는 가족이라도 있다면 다행이지만 많은 예술 지망생들이 유명세를 얻기 전까지는 극심한 생활고를 경험하게 된다. 예술가의 가난은 낭만화되기도 하지만, 나는 돈이 없어서 라면으로 끼니를 때우다 건강을 해치면서까지 예술을 한 사람의 이야기를 미담이라 느끼지 않는다.

지인 중에서도 가수가 되겠다면서 생계와 육아를 아내에게 전담시키고 매일처럼 기타 하나 달랑 들고 클럽을 전전하던 이가 있었다. 그는 쌓이는 불안과 무력감을 자작곡으로 써내곤 했지만, 즐기려고 온 클럽에서 생판 모르는 뮤지션의 정제되지 않은 울분을 기꺼이 듣고 싶어 하는 청중은 아무도 없었다. 일차원적인 고통의 토로가 아닌 더욱 깊이 있는 창작물을 위해서라도

계획이 실패가 되지 않게

생계에 대한 고려는 필수적이다. 농부들을 대상으로 쪼들리는 추수 전과 대금을 받아 여유로워진 추수 후의 인지력을 검사해본 결과, 추수 후에 아이큐가 무려 13이나 상승했다는 연구 결과가 있다.[3] 생계에 대한 불안은 우리를 더욱 근시안적인 사고로 몰아넣는다.

나는 김뮤직 씨가 꼭 전업 가수의 가능성에 매달릴 필요는 없다고 생각한다. 일단 생계형 직업을 확보하고 난 이후에도 유튜브나 SNS를 이용해 얼마든지 추가적으로 자신의 가능성을 시험해볼 수 있는 시대이기 때문이다. 어느 때보다도 부업이 쉬워진 이 시대에 열정적으로 몰두할 수 있는 취미를 계발하고 발전시킨다면 그 일을 얼마든지 두 번째 직업, 세 번째 직업으로 삼을 수 있다. 평생직장의 개념이 점점 사라져가는 현대 사회에서 좋아하는 일을 N번째 직업으로 삼는다면 본업에서 얻기 힘든 활력과 자아실현의 기회는 물론, 수입을 늘려 불안정한 고용의 시대를 다소나마 수월하게 헤쳐나갈 수 있다.

계획을 성과로 만드는 방법

주 52시간 근무제가 시행되어 이전보다 야근이 줄어들었다

고는 하지만, 하루에 10시간씩 근무하고 출퇴근 시간까지 합쳐 하루의 반 이상을 본업에 소진하는 것이 보통의 일상이다. 몸도 마음도 힘들고 지쳐 집에 도착하고 나면 취미나 자기 계발은커녕 그저 누워서 스마트폰이나 보다가 잠들고 싶을 수도 있다. 이렇게 시간과 에너지를 어떻게 활용해야 할지 감이 잡히지 않는 사람들에게 도움을 줄 수 있는 것이 바로 프로젝트 관리에 대한 기초적인 지식과 OKR과 같은 목표 달성 방법론이다.

OKR을 삶에 적용하는 것은 꽤 간단하다. 먼저 내가 시간을 투자하여 좋아하는 일에 몰두함으로써 달성하고 싶은 것, 되고 싶은 모습을 구체적이고 생생한 이미지로 떠올려본다. 예를 들어 기타를 배워보고 싶다면, 3개월 안에 내가 어떤 곡을 칠 수 있을지, 어느 정도 수준의 기타리스트가 되어 있을지, 내가 기타를 치면서 노래하는 모습을 영상으로 찍어 올린다면 어떤 모습일지 상상해보는 것이다. "영화 〈원스〉의 주제곡 '폴링 슬로울리'를 감정을 실어 멋지게 연주할 수 있는 기타리스트가 되겠다"와 같은 이미지를 떠올려볼 수 있는데, 이것이 바로 OKR의 O에 해당하는 목표이다. 이 목표는 매일 저녁 우리가 설레는 마음으로 기타를 집어 들 수 있게 하고, 가끔 너무 피곤해서 맥주나 마시다가 잠이 들고 싶은 저녁에도 연습을 지속할 수 있도록 동기를 부여한다.

이처럼 생생하고 또렷한 목표를 갖는 것 외에도 OKR은 지금의 상황과 내가 가진 자원에 대한 기초적인 분석을 요구한다. 순간적으로 의욕이 솟구쳤다고 해서 무작정 일을 벌이기보다는 내가 사용할 수 있는 시간은 얼마나 되는지, 총 수행 기간은 어떻게 설정할 것인지, 이 프로젝트에 임하는 동안 구체적으로 무엇을 성취한다면 성공이라 간주할 수 있는지 등을 사전에 꼼꼼하게 체크한 후 현실적인 계획을 세우고, 언제까지 어떤 성과를 산출할 것인지에 대한 로드맵을 작성하면 시간과 에너지를 효율적으로 사용할 수 있다.

평일에 너무 바빠 시간을 많이 내지 못할 수도 있다. 그렇지만 하루 1시간만 투자해도 세 달 동안 90시간을 확보할 수 있다. 90시간 동안 내가 기타 연습을 얼마나 할 수 있는지 예측해본 다음, 이런 견적을 토대로 OKR의 KR에 해당하는 핵심 결과를 설정한다. 핵심 결과는 정량적이어야 한다. 다시 말해 숫자로 나타낼 수 있으며 성공 여부가 측정 가능해야 한다. 예를 들어 다음과 같이 세 가지 핵심 결과를 설정해볼 수 있다.

KR1 필수 기타 코드 25개 완벽하게 암기하기

KR2 쉬운 연습곡 5곡 마스터하기

KR3 '폴링 슬로울리' 핑거 스타일 연주

이렇게 O와 KR의 설정이 완료되었다면 매일 1시간씩 기타 연습을 하며, 매주 진행 상황을 체크하여 달성률을 기록한다. 그 과정을 3개월간 반복한다. A4 용지 한 장을 준비해 그 안에 90개의 네모칸을 그려넣고, 1시간 연습을 끝낼 때마다 이후에 한 칸씩 색칠한다면 연습량을 가시화할 수 있어 더 쉽게 현재 상황을 확인할 수 있다. 그리고 3개월이 지났을 때 최종 점검해 각 KR의 점수를 기록한다. 예를 들어 필수 기타 코드를 20개밖에 암기하지 못했다면 KR1의 점수는 20/25, 곧 0.8이 된다. 하지만 낙담할 필요는 없다. KR은 다소 야심차게 설정해두는 편이 실력 향상에 도움이 되기 때문에, 점수가 0.6에서 0.7 정도만 되어도 성공으로 간주하자.

회사에서는 내가 담당한 일에 전념할 수 있도록 사내에 일정을 짜고 리소스를 배분해주는 별도의 관리자가 있는 경우가 많다. 하지만 여유 시간에 개인적으로 좋아하는 일을 프로젝트로 발전시켜 수행하고자 한다면 나 자신이 리더이자 관리자가 되

계획이 실패가 되지 않게

어야 한다. 즉, 끊임없이 나 자신에게 의욕을 불어넣어주고, 목표를 얼마만큼 달성했는지 상기시켜주어야 한다. 이런 관리자의 역할이 익숙하지 않을 수도 있고 자기 자신에게 적용하기가 쉽지 않을 수도 있다. 그럴 때 OKR이 훌륭한 도구가 된다. 우리가 좋아하는 일에 몰두하고 성과를 내고 싶을 때, 관리 스킬 부족으로 인해서 쉽게 좌절하거나 포기하지 않도록 OKR이 당신의 삶에서 뛰어난 관리자의 역할을 수행할 수 있다.

Chapter 03

더 나은 삶은
반드시
가능하다

더 이상 버티면 안 되는 순간

내가 일을 가장 싫어했던 때는 입사 3년 차 즈음이었던 것 같다. 회사에 갓 입사했을 때에는 대기업에 합격했다는 사실만으로도 안정된 삶을 손에 넣은 것 같았고, 이렇게 부족한 내게 꼬박꼬박 월급을 주는 것만으로도 감사해서 회사에 뼈를 묻어야겠다고 생각했다. 신입 사원 시절에는 이것저것 새롭게 배울 것이 많아서 직장 생활이 지겨울 틈이 없었다. 굴지의 대기업 빌딩이 빽빽하게 들어선 일본 시나가와라는 지역으로 출퇴근을 하는 것도 신선한 자극이 되었다.

계획이 실패가 되지 않게

무엇보다도 나는 내가 직접 만든 가전제품이 매대에 진열되고 사람들이 구입하여 사용한다는 사실에 보람을 느꼈다. 지금껏 시험이나 과제로만 접했던 컴퓨터 공학 이론을 실제로 형태가 있는 물건을 개발하고 판매하는 데에 적용하는 일은 신기하고 뿌듯했다. 내가 사회에 공헌하고 회사의 매출에 기여하는 존재가 된 것 같아 기쁘기도 했다.

하지만 그러한 보람과 기쁨도 오래가지는 못했다. 가전 기기를 개발하고 판매하는 회사의 특성상, 매년 비슷한 프로젝트가 반복되기 마련이었다. 예를 들어 작년에 개발한 텔레비전 제품 모델1이 좋은 판매 실적을 올렸다면, 올해는 원가를 살짝 더 절감하고, 기능을 몇 가지 더 추가한 모델2를 개발하는 식이다. 또 회사는 하드웨어 기술 개발 경쟁에서 우위를 점해 성공을 거둔 과거의 체험에 집착하며, 하드웨어의 성능을 무엇보다도 우선하고 소프트웨어를 보조적인 요소로 바라보았다. 그 때문에 소프트웨어 엔지니어로서 나의 업무라고는 끝도 없이 하드웨어 엔지니어들의 요구대로 프로그래밍을 하고 버그를 수정하는 일 뿐이었다. 실리콘밸리에서는 소프트웨어의 힘으로 세상을 바꾸겠다는 창업가들이 속속 나타나고 있는데, 왜 나는 이렇게 매년 똑같은 프로젝트에 배치되어 매일같이 단조로운 일을 하고 있어야 하는지 회의감이 들기 시작했다.

거기다 사내 정치와 같은 소모적인 일에 휘말리거나 의미도 없는 미팅에 불려다니며 에너지를 쓰는 일도 많아지면서 스트레스가 쌓였다. 나는 점점 일과 직장을 진심으로 싫어하게 되었다. 아침에는 회사에 도착해서 자리에 앉자마자 퇴근 시간을 기다렸다. 업무 시간 내내 숨을 쉬지 못하다가 퇴근 시간 5분 전이 되면 그제야 산소호흡기를 입에 댄 것 같은 느낌이 들었다. 도망치듯 회사를 나와 집에 도착하면 기운이 없어 저녁 내내 누워 있었다. 잠이 들기 전에는 내일이 오지 않기를 바랐고 아침에 눈을 뜨면 이대로 시간이 멈춰 하루가 시작되지 않기를 간절히 원했다. 금요일 저녁에 퇴근을 할 때면 날아갈 것 같았다. 퇴근길에 슈퍼마켓에 들러 주말 내내 일용할 양식을 싸 들고 집에 들어가서는 월요일 아침이 오기 전까지 꼼짝도 하지 않고 그 안에 박혀 있었다.

지금 생각하면 이는 명확한 번아웃 증상이자 우울증의 전조였는데, 당시의 나는 내가 겪고 있는 일이 직장인이라면 누구나 경험하는 권태이며, 통장에 꼬박꼬박 입금되는 월급을 받기 위해서는 이 정도 희생은 감수해야 한다고 생각했다. 하지만 단언컨대 그것은 사실이 아니다. 모두가 완벽하게 만족

계획이 실패가 되지 않게

스러운 직장에서 백 퍼센트 흡족한 일만 하면서 살아갈 수는 없다. 그러나 지금 하고 있는 일, 지금 다니고 있는 직장이 너무 싫어서 인생에 환멸이 들고 병이 날 지경이라면 당당하게 시정을 요구하거나 커리어에 변화를 주어 환경을 개선해야 한다. 나는 어느 누구도 싫어하는 일을 참고 참다가 건강을 해쳐서는 안 된다고 생각한다. 직장인이라고 고통스러운 삶이 당연한 것은 절대 아니다.

'이번 생은 처음이라.' 인생을 처음 살아보기에 어떻게 사는 것이 맞는 것인지, 삶의 터전을 어떻게 마련해야 하는지 알지 못해 고민하고 방황하는 청춘의 이야기를 그린 드라마의 제목이다. 나도 직장 생활은 처음이라 막중한 업무와 극심한 스트레스에 어떻게 대처해야 하는지 알지 못했다. 그저 직장 생활이란 원래 이런 것이라고 생각했다. 참는 것 이외에 다른 어떤 해결책이 있는지 알지 못한 채 수년을 버텼다. 그랬더니 에너지가 고갈되어 도저히 움직일 수 없는 지경에 이르고 말았다. 결국 휴직계를 내고 몇 개월 동안 집에 누워만 있다가, 평생 이렇게 살 수는 없다는 결론을 내렸다.

더 나은 삶을 상상하다

'도망친 곳에 낙원은 없다.' 나는 이 말이 반은 맞고 반은 틀렸다고 생각한다. 막상 도망쳐보면 그곳에 낙원은 없을지라도 분명히 더 나은 삶의 터전이 존재할 수도 있다. 나는 행복이 엄청난 재산이나 대단한 성취만을 뜻한다고 생각하지 않는다. 나에게 행복이란 그저 불행하지 않은 상태다. 내가 최근에 가장 행복감을 느낄 때는 아무 걱정 없이 실컷 자고 일어나서 맛있는 아침을 먹는 시간이다. 내가 마주해야 하는 현실이 너무나 고통스럽다면 그 이유를 분석해보고 하나씩 제거해간다면 충분히 행복에 가까워질 수 있다고 믿는다. 환경이 나를 불행하게 한다면 그곳에서 벗어나기만 해도 삶의 질을 대폭 개선할 수 있다. 나는 먼저 나를 불행하게 하는 것은 무엇인지 찬찬히 짚어보기 시작했다.

먼저 나는 일본 생활에 한계를 느꼈다. 일본은 내가 국가 장학금을 받으며 학업을 마칠 수 있었고, 수월하게 취업도 할 수 있었던 고마운 나라였으나, 일본 생활이 10년을 훌쩍 넘어가자 나는 일상적으로 겪어야 하는 여성과 외국인에 대한 차별이 점점 힘겨워지기 시작했다. 수화기 너머의 상대방은 내가 여자라는 것을 알고는 "비서나 서무 말고 진짜 엔지니어를 바꿔주겠어요?"라는 영문 모를 말을 던지기도 했고, 어느 날 마주친 까마득한 상사는 나를 위아래로 훑어보며 이렇게 말하기도 했다. "네가? 엔지니어라고?" 서점에 가면 항상 한국을 헐뜯는 책이 베스트셀러로 선정되어 있었고, 거리에서는 검은 프로파간다 차량이 확성기로 조선인들을 쫓아내라고 쩌렁쩌렁 외치고 다녔다. 이런 사회 분위기 속에서 나는 내가 한국인이라는 것을 드러내는 것이 몹시 두려웠다. 지하철 안에서도 괜히 시비를 걸어오는 사람이 있을까 봐 마음껏 카카오톡으로 채팅을 하지도, 한국어로 된 책을 읽지도 못했다.

대기업의 보수적이고 관료주의적인 분위기도 괴로웠다. 회사는 성장 산업에 올라타지 못한 채 침몰해가고 있었지만, 임원과 매니저들은 현실을 직시하기는커녕 사내 정치에 바빴고 매일처럼 술자리를 벌이거나 골프를 치러 다녔다. 처음에는 월급만 꼬박꼬박 받는다면 회사 분위기가 좋든 나쁘든, 회사가 망해가든 말든, 나와는 상관없는 일이라고 생각했다. 하지만 회사의 실적이 장기간에 걸쳐 악화 일로를 걷고, 그러한 상황을 타개할 의지와 능력이 없는 경영진 아래서 일을 하다 보면 사원들도 반드시 영향을 받는다. 서서히 의욕을 잃으면서 '우리 회사는 뭘 해도 안 되는구나'라는 자조적이고 패배주의적인 태도를 내재하게 된다. 나는 사내 분위기의 변화를 실시간으로 목격하며 점점 불안해졌다.

소프트웨어 엔지니어보다 더 나의 적성에 맞는 직종을 찾아보기로 했다. 스티브 잡스가 2007년에 야심차게 선보인 아이폰에 이어 2010년에 출시한 아이패드와 같은 터치스크린 기반의 디바이스가 보편화되며 사람들이 컴퓨터를 접하는 방식이 근본적으로 변화했다. 동시에 업계에서도 하드웨어의 기능과 성능 그 자체보다도 그를 통해 사용자에게 어떤 경험을 선사할 수 있는지를 중시하는 흐름이 생겨났다. 인간과 컴퓨터 간의 상호작용을 연구하는 학문은 훨씬 더 이전부터 존재했고, 사용자 경험, 즉 UX User Experience라는 용어도 1990년대부터 쓰여왔지만, UX 디자인이 기업에 반드시 필요한 것으로 급부상한 데는 애플이 결정적인 역할을 했다. 이런 흐름 속에서 UX 디자이너의 수요가 급증했다. 지금까지 쌓아온 소프트웨어에 대한 지식과 경험을 버리지 않고도 디자인 분야로 살짝 방향을 틀면서 커리어를 발전시켜 나간다면, 스스로가 기술에 대한 깊은 식견을 가진 좋은 UX 디자이너가 될 수 있을 거라고 생각했다.

이렇게 내가 겪고 있던 문제들과 지금의 상황, 그리고 내가 가진 자원들에 대해서 냉정하게 분석했다. 그러자 일본을 떠나

야겠다, 이직을 해야겠다, 직종을 바꿔야겠다는 결론에 이르렀다. 어떤 이는 스트레스로 몸과 마음이 아픈 상황에서 중대한 결정을 내리지 말라고 조언했다. 이것도 일리가 있는 말이라고는 생각했지만 나는 순간적인 감정에 휘둘려서 이러한 결론을 내린 것이 아니었다. 손에 가시가 박히면 피가 나고 아픔을 느끼지만 그 아픔을 따라가야 가시를 찾을 수 있다. 내 결정은 내 몸과 마음, 환경을 돌아보고 깊숙이 박혀 나를 괴롭게 하는 가시가 어디에 있는지, 내 힘과 의지로 빼낼 수 있는지 차근차근 생각해본 다음에야 내린 것이었다. 나는 주저하지 않고 실천에 옮기기로 했다.

나만의 워라밸을 찾다

평범한 직장인이라면 적어도 하루에 8시간은 일을 한다. 점심시간이나 출퇴근 시간, 직장 동료들이나 고객들과 소통하는 시간, 업무와 관련된 책이나 자료를 찾아보는 시간 등을 모두 합치면 하루의 절반 이상을 일에 쏟는 사람도 많을 것이다. 직장을 싫어해 업무 시간 내내 우울한 기분에 휩싸여 있다면 결국 깨어 있는 시간의 대부분을 회사에 끌려다니며 고통받는 꼴이다. 인생은 누구나 한 번 살고 내가 평생 사용할 수 있는 시간에는 한 계가 있는데, 그 시간들을 답답함과 불쾌함으로 가득 채우고 싶지 않았다. 나는 월요일 아침마다 숨이 막힐 것 같이 괴로웠던 삶에서 벗어나, 즐겁게 한 주의 일을 시작할 수 있는 삶을 꾸리기로 했다. 목표가 명확했기 때문에 구체적으로 무엇을 실천에 옮겨야 하는지 쉽게 계획을 세울 수 있었다.

먼저 직종을 소프트웨어 엔지니어에서 디자이너로 바꾸기 위해서는 디자인 공부를 하고 디자인 실력을 키워야 했다. 목돈을 들여 다시 대학으로 돌아가서 공부를 하는 방법도 있었지만, 나는 본업을 유지하면서 오랜 시간에 걸쳐 차근차근 디자인 서적을 읽어나가고, 온라인 강의를 수강하고, 관련 세미나와 콘퍼런스에 참가하는 방법을 택했다. 많은 사람들이 직종을 바꾸려면 일단 퇴사 같은 극단적인 전환이 이루어져야 한다고 믿는 것 같다. 그런 믿음과 달리 내 변화는 점진적이었다. 프로그래밍을 하는 소프트웨어 엔지니어에서 개발 프로세스를 관리하는 프로젝트 매니저로, 또 제품의 사양을 검토하면서 간단한 인터페이스를 설계하는 UX 아키텍트에서 완성도가 높은 다양한 디자인 작업물을 만들어낼 수 있는 UI/UX 디자이너로 조금씩 방향을 틀어 결국에는 내가 원하는 커리어를 갖게 되었다. 지금도 만족도가 100퍼센트에 이른다고 말할 수는 없지만, 30퍼센트에서 50퍼센트로, 50퍼센트에서 70퍼센트로 차근차근 직업 만족도를 올려 현재는 나의 일을 아주 좋아한다고 말할 수 있다. 이제는 더 이상 월요일 아침에 무력감을 느끼지 않는다.

한편, 당시 내가 바라던 대로 일본을 떠나기 위해서는 영어 능력을 갖춰야 했다. 대학 시절에 일본에 와서 10년이 넘게 거주하며 일본어를 유창하게 구사할 수 있게 되었지만 그만큼 영어는 머릿속에서 사라진 상태였다. 일본에서 생활하다 보니 일본 인들과 어울리면서 일본어만을 구사하게 되었고, 주로 접하게 되는 일본의 트렌드나 정보는 세계적 흐름을 따라가기보다는 일본 안에서만 통용될 만한 것들이라 날로 우물 안 개구리가 되어가는 느낌이 들었다. 그래서 영연방 국가에 이민을 가려면 필수적인 아이엘츠IELTS 공부를 하면서 듣기와 쓰기 공부에 몰두했다. 집에 있을 때도 넷플릭스 등으로 미국 드라마를 보며 모르는 표현이나 단어가 나오면 열심히 익혀나갔다. 그렇게 영어로 자연스럽게 이야기할 수 있는 실력을 쌓고 나니 일본 내에서도 영어를 쓰면서 일하는 업계의 외국인들과 친목을 다질 수 있게 되었고, 홍콩의 리쿠르터를 알게 되어 홍콩의 디자인 에이전시에서 고용 제안을 받아 무사히 일본을 빠져나올 수 있었다.

과거의 나는 일이 너무 싫어서 근무 중에 에너지를 소진했고 퇴근하고 나서는 항상 누워만 있었다. 하지만 지금은 여유 시간에 디자인 전문 서적을 읽으며, 가끔가다 북클럽을 주최해 업계의 디자이너들과 의견을 교환하기도 한다. 뿐만 아니라 각지의 디자인 관련 모임에 적극적으로 참가하거나 인터넷으로 도움이 되는 기사를 찾아 읽으며 새로운 것을 배우길 즐긴다. 이전에 소프트웨어 엔지니어로 일하던 시절의 나로서는 퇴근해서 전문 서적을 들여다본다는 것은 상상도 할 수 없는 일이었다. 솔직히 꼴도 보기 싫었고 한 페이지도 넘기고 싶지 않았다. 하지만 지금은 하늘에서 은퇴 자금이 뚝 떨어진다 하더라도 일을 그만두지 않을 것이고 일상적으로 디자인 공부를 하는 것을 멈추지 않을 것이다. 디자인이 즐겁고 재미있기 때문이다.

이렇게 일을 좋아하게 되고 자발적으로 일과 관련된 분야에 시간과 노력을 투자할 수 있게 되면 당연히 직장에서 더 나은 성과를 낼 수 있고, 실력이 쌓여 자신감이 생기게 된다. 자연히 인생도 더욱 즐거워진다. 직장 생활이 괴롭다면 어쩔 수 없는 직장인의 애환이라며 선을 긋지 않았으면 좋겠다. 더 나은 직장, 나에게 더 맞는 커리어를 찾기 위해서 적극적으로 여유 시간을 투자하고 환경을 개선해보자. 일에서 즐거움을 느낄 수 있다면 삶은 더 풍요로워진다.

OKR로 커리어 바로잡기

달라지고 싶다면 질문에서 시작해보자. 현재의 직장 생활에서 불만족스러워 개선하고 싶은 점은 무엇인가? 앞으로 어떤 커리어를 가지는 것이 이상적인가? 10년 후 나의 이력서는 어떤 내용으로 채워지면 좋을까? 지금 당장은 답이 나오지 않을 수도 있다. 그러나 시간을 들여 고민할 가치가 있는 문제이다. 내가 지향하는 커리어의 모습을 구체적인 이미지로 만들어내고 나면 그것을 삶의 목표로 삼을 수 있으며, 그에 따라 무엇을 해야 할지 행동 플랜이 명확하게 드러나기 때문이다.

한때 나에게도 직장 생활은 남들이 해야 한다고 말하기에 시작한 무엇이었지, 적극적으로 커리어를 만들고 꾸려갈 생각 같은 건 하지 못했다. 내가 일을 통해 무엇을 얻고 싶은지, 어떻게 성장하고 싶은지 알지 못했기에 무료하고 피곤했다. 좌절을 거듭 겪으면서 겨우 내가 원하는 방향을 깨닫자 많은 것들이 해결되기 시작했다. 비로소 내가 원하는 커리어가 어떤 모습인지 최대한 구체적으로 아는 것이 얼마나 중요한지 알게 되었다. 남들이 좋은 대학에 가고 좋은 기업에 취직을 해야 한다고 하니 그 말만 믿고 수동적으로 끌려다니는 삶과, 자신의 뚜렷한 목표와 이상을 세우고 달려가는 삶은 그 과정이 질적으로 다르다. 스스로 고민하여 세운 목표가 있다면 목적지를 향해 가는 비행기처럼 어떤 경로를 따라가면 되는지를 미리 머릿속으로 그려볼 수 있다. 막막한 세상에서 정처 없이 방황하고 있다는 감각에서 벗어날 수 있는 것이다.

따라서 커리어의 목적지인 O를 먼저 설정하는 것이 중요하다. 엉망진창이었던 나의 커리어를 바로 세우기까지 훌륭한 길잡이가 되어준 OKR을 다음과 같이 정리해보았다.

O 월요일 아침에 즐거운 기분으로 한 주를 시작하자. 일본을 떠나, 자유롭고 혁신적인 사내 문화를 가진 직장에서 내가 좋아하는 디자인 일을 하자.

KR1 구직을 하고 일을 할 수 있을 만큼의 영어 실력을 갖추기. 아이엘츠 점수 8.0 취득

KR2 링크드인에 이력을 등록하고 외국계 회사에 10번 응모하기

KR3 UX 디자이너 모임에 한 달에 두 번 이상 참가하기

계획이 실패가 되지 않게

커리어 목표를 세웠다면 위와 같이 목표 달성을 위해서 추구해야 하는 정량 지표인 KR, 즉 핵심 결과를 설정하고, 그것을 달성하기 위해서 시간을 투자하면 된다. 직종을 바꾸기로 마음먹었다면 필요한 자격증을 따거나 새로운 분야를 공부하는 데에 몰두하면 되고, 외국어 실력을 키워 업무의 폭을 넓혀보고 싶다면 퇴근 후나 주말의 여유 시간을 이용해 차근차근 외국어 공부를 시작하면 된다. 디자이너가 심리학 공부를 하거나, 프로그래머가 통계학 지식을 갖추거나, 경영자가 회사를 혁신할 수 있는 새로운 기술에 대해서 알아보는 등 전문 분야의 폭을 더욱 넓혀줄 수 있는 활동을 하는 것도 커리어의 긍정적인 발전으로 이어질 수 있다.

외국어 공부나 독서처럼 취미가 될 수 있지만 커리어에도 도움되는 활동은 본업과 취미 생활 사이에 선순환을 만들 수도 있다. 예를 들어 외식과 관련된 일을 하는 직장인이 커피나 와인에 대해서 공부하고 시음회 등에 참가하는 것을 즐긴다면 일석이조의 시너지를 낼 수 있다. 또 업무와 관련된 모임에 참가하거나, 블로그나 소셜 미디어 등을 통해 정보를 공유하고 전달하는 등의 대외 활동도 경력 개발에 큰 도움이 된다. 잘 찾아보면 많은 콘퍼런스에서 발표자를 상시 모집하고 있는데, 적극적으로 지원하여 자신의 목소리를 세상에 전한다면 같은 분야에 관심을 가진 업계 사람들과 더욱 탄탄한 인적 네트워크를 구축할 수 있고, 이러한 외부 활동은 이직이나 승진 시에도 도움이 될 수 있다.

많은 직장인들이 경제적 자유를 꿈꾼다. 하지만 언제 갖게 될지 모르는 경제적 자유를 꿈꾸며 오랜 기간 싫어하는 일을 꾹 참기는 쉽지 않다. 현재 나 자신의 커리어를 돌아보고, 문제가 있다면 수리하고 개선하여 내가 더욱 즐길 수 있도록 방향을 조금씩 틀어나간다면 언젠가는 좋아하는 일을 하면서 돈도 자연스럽게 따라오는 삶을 영위할 수 있다.

"천재는 노력하는 사람을 이길 수 없고, 노력하는 사람은 즐기는 사람을 이길 수 없다." 지금으로부터 무려 2500여 년 전에 공자가 한 말이다. 하지만 한국 사회에는 여전히 천재에 대한 환상이 만연해 있고, 고통스러운 노력을 미화하는 열정론을 들먹이는 사람도 많아서 일과 삶을 즐기려는 태도가 아직 널리 자리잡지 못한 것 같다. 일을 즐길 수 있다면 노력은 따라오게 되어 있고, 실력을 키워 얼마든지 이직과 승진 등의 가능성을 추구할 수 있다. 삶의 큰 부분을 차지하는 일을 외면하지 말고, 더 나은 커리어의 가능성을 열어두자. 중장기적 커리어 플랜을 세워 목표를 명확히 하고, 핵심 결과를 설정해 행동으로 옮겨나가는 과정에 OKR이 든든한 조력자가 되어줄 것이다.

OKR,
어떤 사람에게
필요할까?

왜 내 다짐은 변화가 되지 못했을까

많은 사람들이 새해가 밝으면 외국어를 배우거나 자격증을 따야겠다, 또는 독서나 건강 관리를 해야겠다는 결심을 하지만 몇 번 실천하기도 전에 쉽사리 포기하거나 몇 주만 지나도 애초에 자기가 무슨 다짐을 했는지 기억조차 하지 못한다. 피트니스 센터는 매년 1월 초가 되면 올해야말로 꼭 운동을 하겠다고 다짐한 사람들로 붐비지만, 며칠 지나지 않아 다시 연말의 한산함을 되찾는 일이 매년 반복된다.

취업 포털 커리어가 2020년 1월에 직장인 324명을 대상으로 실시한 새해 다짐에 대한 설문 조사에 따르면 32.1퍼센트가 새 해 결심을 3일 이내에 포기했다. 20.7퍼센트가 하루도 못 지켰으며, 18.8퍼센트가 한 달 이내, 14.8퍼센트가 일주일 이내에 포기했다고 응답했다.[4] 총 86.4퍼센트의 직장인이 한 달 이내에 새해 다짐을 포기하고 마는 것이다. 끝까지 지켰다는 답변은 2.5퍼센트에 불과했다. 왜 우리는 다짐한 것을 끝까지 실행하지 못하는 것일까?

사람들이 실패하는 원인을 분석한 다음, 실현 가능한 실행 계획을 세우고 정착시키며 성과까지 이끄는 방법을 오랫동안 탐구하여 얻어낸 것이 바로 OKR을 비롯한 목표달성법과 프로젝트 관리 기법이다. 여기서 우리가 다짐에서 습관 그리고 성취까지 나아가지 못하는 대표적인 이유들을 들어본다. 자신에게 해당되는 이야기라면 특히 주목해보자. OKR이 지금까지와 다른 결과를 불러올 수 있다.

의지의 고갈

새해가 밝자 올해는 반드시 매일 운동을 해서 단단한 복근을 만들어 인스타그램에 찍어 올리겠다고 다짐한 이다짐 씨는 피트니스 센터에 가서 65만 원을 주고 연간 회원권을 구매했다. 큰 돈이지만, 올해는 매일 운동을 할 것이기 때문에 매달 등록을 하는 것보다 이렇게 한 번에 결제해서 할인을 받는 것이 이득이라고 생각했다. 첫날이기 때문에 마음을 단단히 먹고, 일단 숨이 차도록 러닝 머신을 1시간 동안 뛰었다. 근육량도 늘리고 싶어서 각종 기구들을 사용하여 땀을 뻘뻘 흘리며 웨이트 트레이닝도 1시간 정도 한 다음 스트레칭을 하고 샤워까지 마치고 나니 그렇게 뿌듯할 수가 없다.

그런데 1월 2일이 되자 전날 갑자기 운동을 격하게 한 탓에 온몸이 근육통으로 욱신거린다. 어제 열심히 운동을 했으니 하루 정도는 쉬어주는 것이 근육을 만드는 데에도 더 좋을 것이라고 생각하고, 내일은 반드시 또 운동을 하겠다고 다짐하며 잠이 든다. 그러나 이튿날인 1월 3일, 자꾸만 귀찮은 마음이 든다. 불과 이틀 전의 일이지만 내가 왜 그렇게까지 열심히 운동을 하겠다고 다짐했는지 후회가 되기 시작한다. 창밖을 보았더니 비가 오고 있다. 날씨도 이런데 꼭 운동을 해야 하나? 여기서 '에라, 모르겠다'는 심리가 발동해 소파에 누워서 맥주를 마시며 유튜브나 보다가 잠이 들고, 그렇게 연간 회원권 65만 원은 다시 돌아오지 않을 돈이 되어버린다.

계획이 실패가 되지 않게

의지력은 한계가 있는 자원이다. 미국의 심리학자 로이 F. 바우마이스터의 실험에 따르면, 피험자들을 모아놓은 방에 초콜릿 향을 잔뜩 풍긴 다음에 일부 사람들에게만 초콜릿 과자를 나누어주었더니, 초콜릿 과자를 받지 못해 자제력을 발휘해야만 했던 사람들의 집중력이 크게 흐트러졌다고 한다. 그는 이 현상에 자아 고갈ego depletion이라는 이름을 붙였는데, 이 자아 고갈 이론에 의하면 인간의 의지력은 무한한 자원이 아니며 사용할수록 고갈되는 것이다.5 새로운 다짐을 할 때 우리는 이런 한계를 쉽게 간과한다. 첫날부터 의욕을 불태우며 지나치게 어려운 목표를 세우고, 갑자기 무리한 도전을 하여 실천을 지속해나갈 힘을 단기간에 소진해버린다.

누구든 순간적으로 투지에 넘쳐 야심찬 목표를 세울 수 있다. 하지만 그 의지를 장기간 유지하는 일에는 좀 더 특별한 노력이 필요하다. 의지라는 것은 언제든 원하면 소환할 수 있는 것이 아니라 한정된 자원이다. 그렇게 생각하고 의지력을 아껴 쓰는 데서 시작해보자. 새해에 꾸준히 운동을 지속해서 건강한 몸을 만들고 싶다면 이다짐 씨처럼 첫날에 가열차게 운동을 하느라 에너지를 모조리 바닥낼 것이 아니라 일단 20분간 산책하기, 팔굽혀펴기 다섯 개 하기 등 가볍게 시작해서 자신의 체력과 의지력에 맞춰 조금씩 늘려나가는 것이 현명한 방법이다.

너무 많은 목표

박의욕 씨는 새해가 밝자 올해 달성하고 싶은 것들을 적어내려가기 시작했다. 올해는 꼭 체력을 보강하고 싶다. 아침에 일어나서 요가를 하고, 매일 유산소 운동을 빼먹지 않을 것이며 자기 전에는 스트레칭을 할 생각이다. 식단 관리도 시작해서 하루 세 끼 모두 야채와 양질의 단백질 중심으로 섭취하기로 했다. 잠자리에 들기 전에 두어 시간씩 스마트폰을 보는 습관이 눈 건강에 좋지 않을 것 같아 스크린을 보는 시간을 줄이고 종이책을 읽기로 했고, 이왕 독서를 하기로 다짐했으니 책을 한 달에 다섯 권 이상은 읽기로 했다.

게다가 올해에는 이력서를 다시 쓰고 이직 준비를 시작해서 더 좋은 회사로 옮기고 연봉도 올릴 계획이다. 경력 개발을 위해서 영어 공부를 열심히 해서 토익 시험을 치를 예정이고, 중국어 공부도 시작하기로 했다. 자격증도 취득해서 이력서에 자랑하듯 한 줄 더 적어넣을 것이다. 늦었지만 재테크도 시작해보기로 했다. 경제신문을 매일 읽고 중요한 기사를 스크랩하고, 한 달에 한 번씩은 경제 관련 세미나에 참가할 것이다. 저축을 하면서 주식 투자도 해서 연 10퍼센트 이상의 수익을 올리는 것이 목표이다. 언젠가 내 집 마련도 해야 하니 한 달에 한 번씩은 집을 보러 다닐 예정이다.

이렇게 새해에 할 일을 번호를 붙이며 쭉 써내려가니 총 스무 가지로 정리되었다. 종이에 예쁘게 적어 책상 앞에 붙여놓고 나자 그렇게 뿌듯할 수가 없다. 모든 목표를 이룬 1년 후 나의 모습을 떠올려보니 자기도 모르게 웃음이 나온다. 오늘은 계획을 세우느라 시간을 들였으니 실천은 내일부터 하기로 했다.

자, 1월 2일이 되었다. 박의욕 씨가 아침에 일어나서 해야 하는 일은 요가를 하고, 야채 중심의 식사를 준비한 후, 경제 신문을 읽고 기사를 스크랩하고, 영어와 중국어 단어를 외운 다음 자격증 공부를 하고, 또 뭐였더라? 출근하기 전에 쓸 수 있는 아침 시간은 1시간밖에 없는데, 현실적으로 이 모든 일을 다 할 수는 없다. 일단 요가를 하고, 야채를 조리할 시간은 없으니 편의점에서 삼각김밥을 사서 아침을 때운다. 퇴근 후에 서점에 들러 자격증 공부를 위한 책을 구입한 것은 좋은데 공부를 할 시간이 나지 않는다. 아, 그러고 보니 유산소 운동이랑 스트레칭도 해야 되는데, 벌써 밤이 늦었다.

일주일쯤 지나자 세웠던 목표가 뭐였는지도 잘 기억이 나지 않는다. 책상 앞에 붙여놓은 목표 20개를 다시 읽어보니 '이걸 어떻게 다 해?' 싶어서 한숨이 나온다. 무엇 하나 계속하지 못하고 있다. 아침에는 나중에 유산소 운동을 할 것이라면서 요가를 미루고, 밤에는 내일 아침 요가를 할 거라면서 스트레칭을 빼먹으며 일주일쯤 지내다 보니 꼭 운동을 해야 하나 싶은 생각도 든다. 영어와 중국어 공부, 자격증 시험 준비는 지금은 바빠서 할 수 없지만, 언젠가 시간이 있을 때 하기로 결심하고 미뤄두기로 한다.

목표를 지나치게 많이 세우는 것. 이것은 의욕이 넘치고 욕심이 많은 사람들이 빠지기 쉬운 함정이다. 목표는 매일 반복되는 일상 속에서 항상 머릿속에 기억해두고, 언제라도 떠올릴 수 있어야만 의미가 있다. 목표가 스무 가지라면 기억하기조차 버거워 실천으로 옮기기 힘들다. 또한 각각의 목표를 달성하기 위한 계획을 수립하는 것도, 진척 상태를 추적하는 것도 현실적으로 불가능하다. 너무 많은 목표는 우리의 에너지를 분산시키고 정작 중요한 목표에 집중할 수 없게 만든다.

박의욕 씨가 새해 계획을 세우면서 잊고 말았던 것, 그것은 바로 우선순위 정하기이다. 해야 할 일이 스무 가지로 정리되었다면 각각의 항목에 높음, 중간, 낮음과 같이 중요도 점수를 매겨 가장 중요한 일 두세 가지만 남기는 것이다. 예를 들어 박의욕 씨가 우선순위를 높게 지정한 목표가 영어 실력 향상과 경제 공부라고 한다면, 아침에는 경제 신문을 읽고 저녁에는 영어 공부를 한다는 현실적인 계획을 세워볼 수 있다. 이러한 루틴을 정착시키고 나서 시간이 남는다면 그때 가서 운동이나 식단 관리 등의 우선순위가 비교적 낮은 활동을 시작해도 늦지 않다. 또한 우선순위를 명확하게 해두면 토익 시험에서 고득점을 취득하고 난 후에 이직 준비를 하겠다는 식으로 과제의 선후 관계도 설정할 수 있다.

언제나 떠올릴 수 있는 우선순위가 높은 목표 두세 가지를 명확하게 설정하고, 나의 시간과 노력을 그곳에 집중시키는 것, 그것이 실패 확률을 줄이고 성공에 한 걸음 더 가까이 다가가는 길이다.

견적 실패

박의욕 씨가 간과한 또 한 가지는 목표를 세우고 다짐만 했을 뿐, 목표 달성을 위해서 구체적으로 무슨 일을 해야 하고, 각각의 일에 얼마나 시간이 걸리는지를 생각해보지 않았다는 점이다. 아침 요가와 유산소 운동, 스트레칭을 매일 하려면 적어도 두세 시간이 걸린다. 여기에 더해 신선한 야채 중심의 식사를 준비하고 먹고 정리하는 데에 1시간, 경제 기사를 읽고 스크랩하는 데에 1시간, 외국어와 자격증 공부에 1시간, 이렇게 각각의 할 일에 필요한 시간을 합쳐보면 목표 스무 가지를 좇겠다는 결심은 하루 24시간으로는 도무지 실현할 수 없다는 것을 알 수 있다. 따라서 초기에 견적을 내보고, 어느 정도의 페이스로 실행을 하면 목표를 달성할 수 있는지 가급적 구체적으로 추정해 계획하는 것이 중요하다. 비행기가 목적지로 향하기 전에 미리 항로를 계산해서 지도상에 그려두듯이, 준비해둔 가이드라인을 따라간다면 실천 과정이 훨씬 수월해진다.

영어 공부를 예로 들어보자. 달성하고 싶은 핵심 결과가 토익 800점이라고 할 때, 해야 하는 일을 잘게 쪼개본다면 다음과 같은 것들이 있을 수 있다.

· 토익 기출 단어 1200개 외우기
· 리스닝 문제집 한 권 다 풀기

계획이 실패가 되지 않게

· 문법책 한 권 마치기

· 리딩 문제집 한 권 다 풀기

· 모의고사 세 번 보기

먼저 데드라인과 자신이 일을 처리하는 속도를 감안해 각각의 해야 할 일에 시간이 얼마나 걸릴지 계산해본다. 3개월 후에 토익을 볼 예정이라면 90일의 시간이 있는 것이다. 기출 단어 1200개를 한 번씩 암기하려면 1200 나누기 90은 13.3, 하루에 약 15개씩 외워야 한다는 계산이 나온다. 영단어를 15개 외우는 데에는 30분이면 될 것 같다. 리스닝 문제집이 20장으로 이루어져 있고, 한 장을 끝내는 데 대충 2시간이 걸리니까 한 권을 다 푸는데 걸리는 시간은 약 40시간이다. 이런 식으로 총 소요 시간의 견적을 작성한다.

다섯 가지 항목의 선후 관계를 구성한다. 예를 들어 나는 문법이 가장 약하기 때문에 먼저 문법 공부를 하고 난 후에 리딩과 리스닝 공부를 하겠다는 계획을 세울 수 있다. 각각의 항목에 걸리는 시간을 감안해서 나에게 주어진 총 3개월이라는 시간을 어떻게 배분해야 하는지 결정했다면, 다음과 같은 일정표를 작성해 한눈에 계획을 파악할 수 있도록 한다.

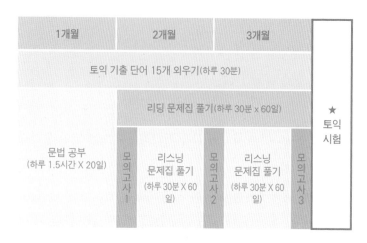

1개월	2개월	3개월	
토익 기출 단어 15개 외우기(하루 30분)			★ 토익 시험
	리딩 문제집 풀기(하루 30분 x 60일)		
문법 공부 (하루 1.5시간 X 20일)	모의고사 1 · 리스닝 문제집 풀기 (하루 30분 X 60일)	모의고사 2 · 리스닝 문제집 풀기 (하루 30분 X 60일)	모의고사 3

토익 시험 3개월 견적

여기까지 왔다면 영어 공부 첫날에는 무엇부터 해야 할지 갈팡질팡할 필요 없이 30분간 영단어 15개를 외우고 난 후, 바로 문법 공부를 시작할 수 있다. 이 일정표에 의하면 하루에 2시간은 영어 공부에 할애해야 하는데 사람에 따라 현실적으로 불가능할 수도 있다. 그렇다면 할 일을 줄이거나, 토익을 보는 시기를 늦춰 공부할 시간을 더 많이 확보하면 된다. 이처럼 나의 상황과 체력, 시기 등 모든 요소를 감안해 타당한 견적을 세우는 과정은 꿈을 현실로 만들기 위해서는 필수적으로 거쳐야 한다. 그다음, 실행에 앞서 계획을 숙지해둔다. 그러지 않고 막연히

계획이 실패가 되지 않게

'토익 공부를 해야지'라고 생각만 하고 있다면, 그 목표가 달성 가능한 것인지 아니면 그저 허황된 꿈에 불과한 것인지를 가늠할 수가 없어 헤매게 될 뿐이다.

불분명한 성공 기준

최건강 씨는 올해야말로 운동을 하고 식습관을 개선해서 건강한 삶을 되찾아야겠다고 생각했다. 젊었을 때에는 늦게까지 술을 마시고 기름진 음식을 먹어도 다음 날 아침에는 쌩쌩하니 아무런 문제가 없었는데, 40대가 되고 나니 회식을 한 다음 날에는 지나치게 피곤했다. 거기다 몸도 점점 무거워져 각종 성인병이 두려워졌다. 최건강 씨는 피트니스 센터에 등록해서 운동을 시작했다. 또 늦게까지 고기를 구워 먹으며 소주를 마시는 회식을 줄이고, 신경 써서 야채를 먹기 시작했다. 한 달 뒤에 몸무게를 재어보니 2킬로그램이 빠져 있어 뿌듯했다. '그것 봐, 나는 한다면 하는 사람이라고!'

단기간에 눈에 보이는 성과를 올렸으니 조금 긴장을 풀어도 되지 않을까, 하는 생각이 들었다. 지금까지 수고했으니 오늘 한 번쯤은 괜찮을 것 같아 다시 고깃집에서 늦게까지 술을 마셨고,

그 이후에도 퇴근이 늦어져 피곤하면 야식을 시켜 먹고 운동을 빼먹었다. 그래도 나는 한다면 하는 사람이니까, 마음만 먹으면 금방 다시 건강한 생활 습관을 되찾을 수 있다고 믿으며 한 달을 보낸 결과, 몸무게를 재어보니 다시 4킬로그램이 늘어 있었고 술을 마시고 난 다음 날에는 이전보다 훨씬 더 피곤했다.

최건강 씨의 목표는 '건강한 삶을 되찾는 것'이었지만 그것을 달성하기 위한 구체적인 핵심 결과를 세우지 않았다. 그로 인하여 몸무게가 일시적으로 줄었다는 사실만으로 잘 해오던 건강 관리를 한순간에 놓아버린 것이다. 또 건강 상태는 반드시 몸무게와 반비례하는 것이 아닌데도, 다른 지표를 확인하지 않은 채 오로지 체중 감량만을 성공의 기준으로 삼는 것도 재고할 여지가 있다. 예를 들어 배탈이 나서 단기간에 2킬로그램이 빠지는 식의 체중 감량은 최건강 씨의 목표에는 부합하지 않는다. 따라서 목표를 향해 움직이기 전에는 성공이란 무엇을 뜻하는지, 또 어떤 기준을 언제까지 달성해야만 그것을 성공이라고 부를 수 있는지를 명확하게 정의해두는 것이 중요하다. 내가 최건강 씨라면, 먼저 6개월이라는 관리 기간을 설정한 후 다음과 같이 핵심 결과를 정했을 것이다.

KR1 한 달에 총 50킬로미터 걷거나 뛰기
KR2 매일 야채와 과일을 350그램 이상 먹기
KR3 건강 검진 결과 '정상' 소견 받기

성공을 막연하게 꿈꾸고 있을 뿐이라면 길을 잃기 쉽다. 성공이 무엇을 의미하는지를 정확하게 정의하고 내가 언제까지 무엇을 어떻게 해야 그것을 이룰 수 있는지 머릿속으로 생생하게 그려본다면 원하는 것을 이룰 가능성이 훨씬 더 커질 뿐만 아니라, 동기 부여에도 큰 도움이 된다.

시간에 쫓기는 삶

정피곤 씨는 올해 자격증을 취득해서 더 좋은 직장으로 이직하기로 결심했다. 새해 목표를 세운 것은 좋은데, 아무래도 시간이 나지 않아 자격증 공부를 계속 미루고 방치하는 중이다. 아침에는 일어나자마자 스마트폰으로 SNS를 보다 보면 금방 출근할 시간이 되어 있고, 하루 종일 힘들게 일하고 나서 퇴근 시간 만원 버스에서 사람들에게 치이고 나면 지쳐서 따로 시간을 내서 공부할 기운이 없다.

항상 스마트폰을 옆에 두고서 카카오톡 알림이 오면 확인하고, 이메일을 열어보고 인스타그램을 보다가 틱톡을 거쳐 네이버 이웃들의 블로그를 돌고 난 뒤 유튜브를 보다 보면 밤 1시가 훌쩍 넘어버린다. 오늘도 다짐한 자격증 공부를 하지 못한 채 하루가 지나갔다고 생각하면 자괴감이 들기도 했지만 '어차피 난 바쁘고 피곤해서 자기 계발 같은 걸 할 시간이 없어'라고 합리화하면서 스마트폰으로 게임을 하다가 잠자리에 든다.

많은 현대인들이 바빠서 시간이 없다고 말한다. 하지만 가만히 돌이켜보면 실은 생각 없이 낭비하는 시간이 꽤나 많을 것이다. 현대인들의 시간을 빼앗는 주범인 SNS는 사람들의 시선을 자신들의 서비스에 묶어두도록 설계되어 있다. SNS의 목적은 사용자들이 더 길게 체류하게 만드는 것이므로, 수시로 알림을 보내고 '좋아요' 같은 피드백으로 우리의 뇌에 지속적인 자극을 주어 중독 상태에 놓이게 한다. 피곤한 우리의 뇌는 자격증 공부처럼 많은 에너지를 쓰는 활동을 피하고, SNS에 파묻혀 쉽게 소화할 수 있는 짧은 글이나 이미지의 단편만을 소비하면서 매일같이 많은 시간을 흘려보내게 된다.

의미 있는 성과를 내기 위해서는 무엇보다도 자투리 시간이 아니라, 하루에 1시간 이상의 덩어리 시간이 필요하다. 그

계획이 실패가 되지 않게

시간에는 외부의 소음을 차단하고 온전히 나만의 일에 집중하는 습관을 들이는 것이다. 예를 들어 밤 9시에서 10시는 자격증 공부를 하는 시간이라고 못 박았다면, 9시에는 무슨 일이 있어도 책상 앞에 앉아 자격증 책을 펼치고 스마트폰은 비행기 모드로 설정해버리자.

구글에서 많이 쓰이는 '타임 타이머'를 이용하는 것도 좋다. 이 시계는 원래 시계를 볼 줄 모르는 어린이들을 위해 고안된 것으로 설정한 시간이 다할 때까지 회전하면서 남은 시간을 빨간색으로 표시해준다. 사용자들은 얼마나 시간이 남았는지 직관적으로 알 수 있다. 쓸 수 있는 시간이 얼마나 남았는지 즉각적으로 와닿는 타이머나 도구를 두고 그 시간 내에 과제를 반드시 마치겠다고 생각하고 임하면 심신의 부담이 훨씬 덜하다.

시간에 쫓기고 있다고 생각하지 말고, 그 시간을 통제해보자. 나의 소중한 시간이 어디에서 새고 있는지 찾아내서 먼저 하루에 딱 1시간만이라도 내가 능동적으로 사용할 수 있는 시간을 만들어보자. 덩어리 시간을 만드는 것은 목표를 실현하기 위해 필수적인 준비 작업이다.

잘못된 방향성

중학교 때 영어 선생님이 영단어를 암기해 오라면서 '깜지'를 쓰라고 한 적이 있다. 종이가 까맣게 보일 정도로 빽빽하게 영단어를 적어 앞뒤로 다섯 장을 채우라는 것이었다. 나는 깜지의 효용을 도무지 이해할 수 없었다. 목적은 결국 영단어를 외우는 것이므로, 손목이 부러지도록 깜지를 쓰는 대신 회화에서 활용할 수 있는 예시 문장과 함께 소리를 내어 반복해서 읽어보는 것이 훨씬 더 효율이 좋은 학습 방법 아닐까? 내가 이런 의견을 선생님께 전하자 선생님은 불같이 화를 내며 어린 게 버릇없이 어른에게 말대꾸를 한다고 나에게만은 깜지를 다섯 장이 아니라 열장을 적어 오라는 숙제를 내주었다. 깜지를 써서 영어 실력을 키울 수 있다면 한국의 학생들은 고등학교를 졸업할 때면 유창하게 영어를 말하고 쓸 수 있어야 한다. 하지만 현실은 그렇지 못하다. 노력의 방향성이 잘못되었기 때문이다.

목표를 이루기 위해서 필요한 것은 근성과 기합으로 버티는 것이 아니다. 어떻게 해야 효율적으로 잘할 수 있고 순조롭게 목표에 다가갈 수 있는지에 대한 고찰이다. 버티는 과정에서 오는 자기만족이나 고통스러운 노력을 하는 나 자신에 대한 도취 같은 감정은 짜릿할 수는 있겠지만 목표 달성에 실질적인 도움이 되지는 않는다. 시간과 체력을 소모하지 않으려면 내가 실천하고 있는 일들이 과연 유효한 것인지, 또 내가 성장하는 데 도움이 되고 있는지 수시로 확인하고 점검해야 한다.

장거리 비행을 하는 항공기가 경로에서 1퍼센트라도 어긋난 방향으로 날아간다면 엉뚱한 목적지에 닿게 된다. 목적지를 향해 가면서 가장 중요한 것은 엔진의 출력을 무리하게 높여 빠르게 날아가는 것이 아니라 내가 옳은 방향을 향해 가고 있는지, 경로에서 이탈하지는 않았는지를 파악하며 나아가는 것이다. 노력 그 자체에 매몰되지 않고 바른 방향으로 나아가야만 목표에 다다를 수 있다.

완벽주의

강완벽 씨는 올해 달리기를 시작했다. 하루에 5킬로미터를 뛰고 나면 적당히 땀이 나고 개운해서, 앞으로도 매일 5킬로미터씩 달리기로 다짐했다. 둘째 날도 차질 없이 같은 거리를 달렸다. 그렇게 일주일 정도 매일 5킬로미터씩 달리자 다리 근육이 점점 붙는 것이 느껴졌다. 신진대사가 좋아진 덕분인지 회사에서도 덜 피로했다. 일주일간 성공적으로 달리기를 마친 강완벽 씨는 올해야말로 건강한 생활 습관을 유지할 수 있을 것 같은 기대감에 부풀었다.

그런데 열흘째 되던 날 회식이 있었다. 밤늦게 퇴근하여 피곤했던 강완벽 씨는 달리기를 빼먹고 일찍 잠자리에 들었다. 다음 날 강완벽 씨는 의기소침해지고 말았다. 어제 달리기를 하지 못해 올해의 목표를 달성하지 못했다고 생각하니 실망스러웠고 의욕도 사라졌다. '올해도 어차피 틀렸어', '내가 하는 일이 다 이 모양이지 뭐' 하는 식의 자조적인 생각을 하기 시작하니 자꾸만 우울감이 밀려왔다. 강완벽 씨는 그렇게 달리기를 놓아버렸고, 다음 해가 오기 전까지 다시는 달리기를 시도하지 않았다.

무엇을 하든 완벽을 고집하는 사람들은 자신의 성과가 마음에 들지 않으면 납득하지 못하고 아예 처음부터 다시 시작하거나 지금까지 해온 것을 모두 포기하고 지워버리려 한다. 이러한 기질을 가진 사람들은 결과가 완벽하지 못하면 강박적으로 자기 자신을 탓하거나 깎아내려 쉽게 스트레스를 받고 빨리 소진되는 경향이 있다. 달리기를 하루 빼먹고 말았다면 '그럴 수도 있지'라고 가볍게 생각하고 다음 날 다시 달리면 된다. 실패를 지나치게 감정적으로 받아들여 자책을 일삼다 보면 그것만으로도 많은 에너지를 소모하게 된다. 실패를 실천의 과정에서 충분

계획이 실패가 되지 않게

히 있을 수 있는 하나의 가능성으로 열어두고, 실패 가능성을 관리해야겠다는 마음가짐을 갖는 것이 좋다.

완벽은 실재하는 것이 아니라 우리의 머릿속에 존재하는 이상적인 상태이다. 이상과 현실 사이에는 괴리가 있다는 것을 인정하고, 나의 능력과 한계를 있는 그대로 직시해야 정확한 견적을 낼 수 있다. 그래야 올바른 계획을 세울 수 있어 성공의 가능성을 높일 수 있다. 현실을 포용하고 작은 실패에 흔들리지 않는 것, 그러한 태도가 포기하지 않고 끝까지 목표를 향해 나아가는 원동력이 된다.

| Part 2 |

검증된 공식이 만드는
최상의 결과

completion

50%

Chapter 05

나의
트레이너가
되는 법

조직 밖에서 나를 키우는 기술

OKR은 지금까지 주로 기업에서 조직 구성원들의 생산성을 향상시킬 때 사용하는 도구였다. 하지만 고용의 형태가 나날이 변화하고 프리랜스나 N잡의 기회가 늘어나고 있는 지금, 우리는 한 조직의 구성원으로서가 아닌 오로지 나 자신만의 커리어에 대한 그림을 그리고 관리할 필요가 있다. 조직 밖에서 나에게 맞는 목적을 설정하고 실행 과정을 관리하는 법을 배우는 것이 그 어느 때보다 중요해졌다. 커리어뿐 아니라 취미나, 건강 관리 등 일상의 분야 전반에서 그렇다. 막연히 피아노를 치겠다는 마음만으로는 언제까지나 초급을 오가다 그만둘지도 모르지만, 목표를 갖고 한 곡 한 곡 익혀나가고 그에 따른 자신의 변화를 의식한다면 실력 향상은 물론 일상에 생기와 의욕을 더할 수 있다. 2부에서는 이렇게 개인 프로젝트와 팀 프로젝트에서 OKR을 활용한 예시를 들어 독자들이 쉽게 OKR의 효용을 이해하고 자신의 삶에 응용할 수 있도록 했다.

구글에서는 목표를 두 가지로 분류한다. 먼저 도전적인 목표 aspirational goal는 우리의 한계를 시험하고 위대한 성취를 이루도록 돕는다. 이와 달리 원대하지 않더라도 반드시 이루어야만 하는 필수적인 목표 committed goal도 있다. 예를 들어 고객의 문의 사항에 100퍼센트 응답하는 것은 기업으로서 반드시 달성해야만 하는 최소한의 기준이므로 필수적인 목표로 설정할 수 있다. 반면에 고객의 만족도를 99퍼센트 이상으로 끌어올리겠다는 것은 쉽게 도달하기 힘든 도전적인 목표라 할 수 있다.[6]

목표와 핵심 결과를 설정하고 실행한 뒤에 마지막 단계에서는 달성률을 체크하여 점수를 매기는데, 필수적인 목표의 기대 점수는 1.0, 즉 반드시 100퍼센트 달성해야만 의미가 있다. 하지만 도전적인 목표의 경우에는 목표 자체를 야심차게 설정하는 것이 중요하기 때문에 70퍼센트 정도를 달성해 기대 점수가 0.7에 이르면 성공으로 간주한다. 그렇다고 해서 처음부터 0.7만 달성하면 충분하다며 안이하게 접근하는 것이 아니라, 최대한 1.0을 추구하되 결과가 그에 미치지 못했다고 해서 좌절하지 않는 것이 OKR의 정신이다.

지금의 내 필요를 고민해보고 OKR에 적용해보자. 큰 도약을 기대한다면 도전적인 목표를, 일상에 약간의 자극을 주거나 작은 습관을 만들고 싶다면 필수적인 목표를 적절하게 OKR에 설정하면 된다.

핵심적인 변화를 만드는 필수적인 목표

2021년에 들어 내가 다짐했던 것 중 하나는 건강을 관리하는 것이었다. 무엇보다도 식습관 개선이 시급했다. 나의 식습관이 잘못되었다는 건 오랫동안 인식하고 있었지만 도무지 고칠 수 없었다. 아침에 일어나면 습관적으로 블랙커피를 마시며 설탕 덩어리와 다름없는 빵이나 케이크를 먹었고, 늘 튀긴 음식을 즐겨 먹었으며 무엇보다도 면을 너무나 사랑했다. 단백질과 지방, 탄수화물의 알맞은 섭취 비율이 있다는 건 알고 있었지만 워낙

단것과 면류를 좋아해 지키기가 쉽지 않았다.

그러던 어느 날, 평소와 같이 블랙커피를 벌컥벌컥 들이켜고 아침 식사로 단팥빵을 먹은 후 책을 읽고 있는데 갑자기 심한 어지럼증을 느꼈다. 손이 덜덜 떨렸고 숨을 쉴 수 없었다. 근처 편의점으로 달려가(기어갔다고 하는 편이 더 맞을 것이다) 초콜릿을 입에 넣고 한참을 쉰 후에 겨우 진정할 수 있었다. 아침부터 설탕을 다량 섭취하여 혈당이 높아졌고 거기 대응하기 위해 인슐린이 분비되고 있었는데, 블랙커피가 인슐린이 다량 쏟아져 나오도록 촉진했고, 거기다 집중해서 책을 읽으니 더욱 빠르게 혈당이 떨어져 저혈당 증상이 나타난 것이었다.

사실 우리 집안에는 당뇨병 이력이 있다. 아버지도 약을 먹으며 투병 중이었으니 애초부터 조심했어야 했다. 나의 한심한 식습관을 오랫동안 방치한 결과 몸이 직접 경고를 보내와 위기감이 느껴졌고, 이번에야말로 반드시 식습관을 고쳐야겠다는 결심이 섰다. 야채 섭취량을 늘리고 당류와 카페인을 줄이는 것이 최우선 과제였고, 더불어 꾸준히 운동을 하기로 했다. 그렇게 나의 건강 관리 프로젝트가 시작되었다.

평균 수명이 점점 길어지는 지금, 오래오래 좋아하는 일을 하면서 삶을 즐기기 위해서도 건강 관리는 필수적이다. 은퇴 후에

기간	O	KR
3개월	건강에 나쁜 습관을 청산하고 좋은 습관을 들이자!	하루에 한 번씩 야채를 먹기
		커피 섭취는 일주일에 2잔 이하
		주 3회 이상 운동하기

나의 건강 관리 프로젝트1

성인병에 시달리느라 무기력하게 살고 싶지는 않다. 건강을 지키는 것은 반드시 달성해야 하는 필수적인 목표였다. 나의 최종적인 목표는 하루에 섭취하는 칼로리와 각종 영양소의 비율을 맞춰 식단을 이상적으로 관리하여 표준 체중을 유지하고, 당뇨 및 각종 성인병의 위험을 줄이는 것이었다. 하지만 워낙에 야채를 먹지 않았고 식생활이 불규칙하다 보니 일단은 하루에 한 번이라도 야채를 먹으면서 기존의 습관을 개선하는 것을 핵심 결과로 설정해보았다.

처음에는 슈퍼마켓에 가서 신선한 야채를 구입하고 볶거나 쪄서 먹었지만 점점 귀찮아졌다. 의욕이 고갈되기 시작한 것이다. 준비 과정에서 오는 마음의 저항을 줄이기 위해 샐러드 배달을 시키거나 맥도날드와 같은 패스트푸드점에 가서 샐러드를 구입했다. 내가 맥도날드에서 햄버거나 감자튀김이 아닌 샐러드를 사다니, 인생에서 처음 있는 일이었다.

매일 시각적으로 성취를 확인하기 위해서 사진을 찍었다. 날짜에 맞게 야채 사진을 배열해 사진이 차곡차곡 채워질수록 뿌듯함을 느낄 수 있게 했다. 계속해서 동기를 부여하기 위해 한 달 단위로 블로그에 성과를 공개하여 독자들의 응원을 받았다. 억지로라도 하루에 한 번씩 야채를 입에 넣기 시작한 지 두어 달이 지나자 야채를 챙겨 먹는 습관이 자리 잡았다.

의지력의 고갈은 개인 프로젝트를 실패로 이끄는 가장 큰 이유 중 하나인 만큼, 처음 계획을 세울 때부터 내가 할 수 있는 것을 객관적으로 따져보는 것이 중요하다. 하지만 애초의 예상과 달리 상황이 전개되는 일도 있을 수 있다. 그럴 때에는 해야 하는 일의 난도를 낮춰보거나, 핵심 결과를 살짝 하향 조정하는 식으로 대응하면 심리적인 부담을 줄일 수 있다.

잠시 휴식하며 재충전하는 것도 좋다. 작심삼일이라는 말이 있듯이, 아무래도 3일밖에 의지력이 작동하지 않는다면 3일간 계획을 실행하고, 하루 쉬었다가 다시 3일간 실천을 반복하는 사이클을 만드는 것도 좋은 전술이다. 의욕이 저하된다고 그냥 그대로 프로젝트를 포기하는 것이 아니라, 그런 자신의 패턴을

계획이 실패가 되지 않게

파악한 뒤 다시 동기를 느끼기 위해 필요한 휴식이나 다른 방법도 같이 계획하는 것이다.

사진이나 그래프를 이용해 진행 상황을 시각화하거나 친구나 가족에게 공유하는 것도 동기 부여에 큰 힘이 되어준다. 또한 나의 마음을 설레게 하는 야심찬 목표인 O를 되새겨보고, 목표를 달성한 이후의 내 모습을 구체적으로 그려봐도 좋다. 만일 O를 떠올려보아도 더 이상 아무런 감흥이 느껴지지 않는다면, 다시 목표를 검토할 타이밍이다. 단순히 지쳐서 그런 것인지, 아니면 목표 수정이 필요한지 점검하고 적절하게 대응해야 한다.

세 달이 지나 프로젝트를 종료한 후 나는 자랑스럽게 첫 번째 핵심 결과의 점수를 1.0으로 매길 수 있었다. 하루도 빠짐없이

O	KR	결과
	하루에 한 번씩 야채를 먹기	1.0
건강에 나쁜 습관을 청산하고 좋은 습관을 들이자!	커피 섭취는 일주일에 2잔 이하	1.0
	주 3회 이상 운동하기	0.7

나의 건강 관리 프로젝트1: 결과 점검

야채를 먹었던 것이다. 3월 말부터는 더욱 습관적으로 야채를 먹고 시간과 에너지를 절약하기 위해서 영양소와 칼로리의 균형을 맞춘 밀프렙 도시락을 집까지 배달해주는 서비스를 신청했다. 그 결과 귀찮은 준비 과정이나 노력 없이도 자연스럽게 하루 두 끼 신선한 야채와 양질의 단백질을 섭취할 수 있어서 무척 만족하고 있다.

야채를 먹는 습관을 정착시키는 과정에서 나는 '왜 건강해지고 싶은가?'라는 근본적인 질문에 대한 답을 구체화시킨 목표와 '하루 한 번 야채를 먹는다'라는 필수적인 핵심 결과를 설정했다. 진행 과정을 시각화하여 도중에 의욕을 잃지 않도록 한 시도 또한 큰 도움이 되어 수십 년간 고치지 못했던 식습관을 드디어 바로잡을 수 있었다.

목표를 향해 행동하는 과정에서 습관의 힘을 깨닫게 된 계기는 또 있다. 세 번째 핵심 결과인 '주 3회 이상 운동하기'를 달성하기 위해 나는 집에서 스트레칭을 하거나, 집 근처에서 달리기를 하거나, 요가 스튜디오에 다니고 있었다. 그런데 1, 2월에는 코로나 바이러스의 확산 때문에, 또 3월 중순에는 확진자가 나오면서 요가 스튜디오가 몇 주간 영업을 중지했다. 정기적으로 요가를 하는 습관이 무너지자 다른 운동도 놓아버리게 되었다. 이제 막 형성되기 시작한 습관에 단절이 생기자 운동을 하는 데 새로운 의지와 생각이 필요해져 결국 관성을 잃게 된 것이다.

필수적인 목표를 일상으로 만들기

이렇게 3개월간의 건강 관리 프로젝트를 종료하고 성공한 점과 실패한 점, 또 그 이유, 앞으로 실천해야 할 일에 대해서 생각해본 후 다음 3개월간의 계획을 세웠다.

첫 번째 건강 관리 프로젝트를 통해 야채를 챙겨 먹는 데 익숙해져 어느 정도의 성과를 거뒀으므로 이제는 영양소의 비율이나 칼로리에도 신경을 써가며 식단을 관리해야겠다고 생각했다. 매일 직접 식단을 짜고 요리를 하는 것은 버거운 일이다. 계속할 수 있는 방법을 선택하기 위해 앞으로도 평일에는 밀프렙 도시락 배달 서비스를 이용하고, 휴일에는 직접 장을 보고 요리를 하며 최대한 균형 잡힌 식사를 하기로 했다.

한편 '주 3회 이상 운동하기'라는 핵심 결과는 한번 습관이 단절되자 속절없이 무너졌다. 이번에는 반복과 관성의 힘을 더욱

기간	O	KR
3개월	식단 관리와 운동을 습관화하여 건강한 일상을 영위하기	평일에는 밀프렙 도시락 배달 서비스를 이용하고, 휴일에는 직접 장 보고 요리하여 건강하게 식사하기 매주 월요일과 수요일에 운동하기 혈액 검사에서 정상 혈당 수치 받기

나의 건강 관리 프로젝트 2

확실하게 이용하기 위해서 매주 정해진 시간에 운동을 하기로 했다. 또 건강 관리의 결과로 좋은 습관을 만들어 몸이 가벼워지고 활력을 느끼긴 했지만, 프로젝트의 효과를 측정하고 검증할 수 있는 수치로 확인하고 싶었다. 그래서 혈액 검사를 받고 혈당 수치를 비롯한 항목에 문제가 없는지 체크할 계획을 세웠고, 이 것 또한 핵심 결과로 만들었다. 그러자 마음을 다잡아 올바른 생활 습관을 유지할 이유가 더 많아졌다.

건강 관리를 해야 하는 궁극적인 이유를 이해하지 못했던 시절, 나는 한동안 굶거나 격렬한 운동을 해서 몇 킬로그램쯤 감량하는 데 성공하고 나면 다시 내가 좋아하는 달고 기름진 것을 마음껏 먹으며 살 수 있을 거라고 착각했다. 하지만 건강을 관리

계획이 실패가 되지 않게

한다는 것을 결국 내 삶을 변화시켜야 한다는 뜻이었다. 건강이란 단기간에 속성으로 완성하고 나서 놓아버릴 수 있는 목표가 아니었다. 영양소를 골고루 섭취하고 규칙적으로 운동하는 습관을 내 일상이자 삶으로 만들어야 비로소 건강해질 수 있었다. 그렇기 때문에 현재 나의 상황에 맞는 핵심 결과를 설정하고 차근차근 달성하는 OKR의 방식이 더욱 적절했다.

큰 그림을 그리는 도전적인 목표

건강 관리와 같이 행복하고 건강한 삶을 위해서 필수적으로 달성해야 하는 목표도 있지만, 큰 꿈과 야망을 가지고 임해야 하는 도전적인 목표도 있다. 기업의 비전을 실현하는 일, 개인의 기량을 끌어올리며 더 높은 곳을 향해 가는 일, 창조성을 발휘하여 세상에 없는 작품을 탄생시키는 일, 의료보험 체계를 혁신하는 일, 세상을 더 나은 곳으로 바꾸는 일과 같은 야심찬 목표는 떠올리기만 해도 깊은 동기를 자극해 우리에게 더 많은 것을 이루게 해주는 힘이 있다.

나는 어려서부터 책을 읽는 것을 좋아했다. 언젠가는 좋은 글을 써서 책을 낼 수 있다면 좋겠다고 생각하기도 했다. 하지만 사회인이 되고 바쁜 일상을 보내며 책을 쓰는 일은 나처럼 평범한 사람에게는 어울리지 않는다고 생각했다. 글쓰기란 먼 훗날엔 시도해보고 싶지만 지금은 엄두가 나지 않는 일이라고 단정지었다. 하지만 커리어나 외국어 공부, 운동 등의 분야에서 어떤 일이든지 조금씩이라도 장기간에 걸쳐 성실히 임하면 좋은 성과를 거둘 수 있다는 것을 체험하고, 때마침 혼자 써왔던 글이 서서히 이목을 끌면서 오랫동안 포기한 채로 두었던 장문의 글쓰기와 출간까지 도전할 수 있게 되었다.

내가 글을 쓰는 이유에 대해서도 다시 생각해보았다. 많은 독자들에게 인정받고 싶기 때문일까? 인기작을 써서 많은 인세 수입을 거두어 노후 걱정 없이 살고 싶기 때문일까? 아니면 100년 200년이 지나 나의 몸은 흔적도 없이 사라지더라도 나의 생각만은 어딘가에 남겨두고 싶다는 욕망 때문일까? 오랜 생각 끝에 내가 글을 쓰고 싶은 가장 큰 이유를 알아냈다. 나는 다른 사람들이 각자의 삶에서 겪는 문제를 인식하고 해결해서 모두가 더 즐겁고 의미 있는 삶을 살 수 있도록 돕고 싶었다.

삶을 마음먹은 것처럼 통제할 수 없어 지쳐 있었을 때 나 역시 독서를 통해서 새로운 통찰과 의욕을 구했다. 그 과정에서 할 수 있는 것을 하나씩 시도하며 차차 일상을 변화시켜나갈 수 있었다. 특히 이 책에서 소개한 OKR, 프로젝트 관리, 자기 계발의 원리와 심리와 경영에 대한 지식들은 인생의 방향을 수립하고 끈기 있게 성취를 이뤄내는 데에 실질적인 도움이 되었다. 이런 깨달음을 글을 통해 솔직하게 털어놓기 시작하자 나의 글이 자신의 삶에도 도움이 되었다는 독자들의 목소리가 조금씩 들려왔다. 글쓰기의 보람을 느낀 순간이었다. 막막한 인생에서 나에게 맞는 행복의 실마리를 찾아낸 경험이 다른 이들에게도 힘이 되어줄 수 있다면 더욱 뿌듯할 것 같았다.

의지력이 고갈된다는 사실을 알지 못하는 이다짐 씨, 스무 개의 목표를 추적하고 달성하는 것이 왜 어려운지 이해하지 못하는 박의욕 씨, 완벽하지 않으면 처음부터 다시 시작하는 게 낫다고 생각하는 강완벽 씨. 그들의 특성은 나 자신에게도, 우리 주변에서도 흔히 발견할 수 있는 모습이다. 이들이 체계적인 목표 달성 관리법과 인간 행동 이론에 대해서 더 잘 이해한 뒤 올바른 방식으로 자신의 삶에 적용한다면 달리기든 이직이든 더 많은 것을 더 쉽게 이루어낼 수 있을 것이다.

물론 사람이 변하는 건 쉬운 일이 아니다. 자기 계발 같은 피곤한 것에는 관심이 없으며 이대로 살고 싶다고 외치는 사람들도 많다. 그렇다 하더라도 나는 더 많은 사람들이 자신의 시

기간	O	KR
6개월	스스로 목표를 세우고 달성할 수 있도록 도움을 주는 글쓰기	경제·경영, 자기계발, 심리에 관한 책 12권 읽기
		출판에 필요한 분량인 14만 자 원고를 완성하기
		독자들의 반응을 100가지 이상 수집하여 실제로 그들의 삶이 개선되었는지, 나의 글쓰기가 도움이 되었는지 분석하기 (분석 결과는 다음 글쓰기에 반영)

책 쓰기 프로젝트 OKR

간과 노력을 효율적으로 사용해서 독창적인 아이디어를 떠올리고, 소설을 쓰고, 작곡을 하고, 실력을 키우고, 좋아하는 일을 했으면 좋겠다. 그 세상이 분명 더 풍요롭고 즐거운 곳일 것이다. 그 과정에 공헌하고 싶다는 야심찬 생각을 바탕으로 나의 도전적인 목표를 설정해보았다.

큰일도 쪼개면 30분이다

위쪽에서 설정한 세 가지 핵심 결과 중에서 세 번째는 책을 출판하고 난 이후에야 실행할 수 있는 것이었기 때문에, 그보다

계획이 실패가 되지 않게

먼저 책의 내용을 풍성하게 하기 위한 인풋 활동인 책 읽기와 출판에 적합한 분량의 글을 풀어내기 위한 아웃풋 활동인 원고 완성하기를 하나의 프로젝트로 묶어 타임라인을 그려보았다.

한 달 단위의 해야 할 일 덩어리를 하루 단위로 쪼개보니, 책 읽기는 하루에 평균 50페이지 정도, 글쓰기는 하루 평균 1000자를 달성하면 6개월 내에 모든 작업을 마칠 수 있겠다는 계산이 나왔다. 이렇게 실행 계획이 구체화된 이후에는 매일 30분에서 1시간씩 시간을 내서 책을 읽고, 밤 9시가 되면 50분짜리 타이머를 맞춰놓고 꾸준히 하루에 1000자씩 글을 쓰는 습관을 들이기 시작했다. 또한 매일 읽은 책의 분량과 쓴 글의 분량을 기록해 진행 상황을 점검하면서 캘린더와 프로그레스 바를 활용해 현재 나의 위치가 어디인지 확인하면서 동기를 유지했다. 이따금 피곤하거나 글이 잘 써지지 않는 날도 있었지만, 그런 우려를 감안해서 20퍼센트 정도 여유를 두고 일정을 구성했기에 잘되지 않는 날에도 크게 스트레스를 받지 않았다. 잘 생각해둔 계획은 슬럼프의 가능성이나 쓸데없는 에너지 소모도 줄일 수 있다.

새해부터 시작해 4월 초에 이르렀을 때 나는 총 6권의 참고 서적을 완독해 계획보다 조금 뒤처져 있었으나, 글쓰기에서는

	1월	2월	3월	4월	5월	6월
책 10권 읽기 (경제·경영, 자기계발, 심리 분야)	3권	1권	2권	2권	2권	2권
글 14만 자 쓰기 (출판에 필요한 분량 완성하기)	목차와 개요	3만 자	3만 자	3만 자	3만 자	2만 자 퇴고

책 쓰기 프로젝트 타임라인

총 7만 6000자(54.3퍼센트) 분량을 달성해 기대 이상의 진척을 보이고 있었다. 그렇다면 5월에는 책 읽기 속도는 다소 높이고 글쓰기는 줄이는 식으로 기존의 타임라인을 미세하게 조정하면 좋을 것 같았다.

창작자에게도 목표달성법이 통할까?

예술적인 영감을 필요로 하는 창작 활동에서는 일정한 결과를 꾸준히 산출하는 것이 더욱 어렵다. 15년간 월트 디즈니 컴퍼니에서 CEO로 일하면서 많은 창작자들과 협업해온 밥 아이거는 자신의 책 『디즈니만이 하는 것』에서 이렇게 말한다. "창작에 관한 프로세스 관리는 먼저 그것이 과학이 아니라는 사실을 이해하는 데서 출발해야 한다."[7] 글쓰기, 그림 그리기, 영상 제작하기, 작곡하기 등 무에서 유를 창조하는 일은 버튼을 누른다고 해서 자동적으로 아웃풋이 쏟아져 나오는 종류의 활동이 아니며, 창작자의 심신 상태나 기분에 따라 작품의 질과 양이 큰 영향을 받는다.

하지만 그렇다고 해서 '오늘은 기분이 좋지 않아서', '오늘은 너무 피곤해서'와 같은 이유를 내놓으며 창작 활동을 놓아버린다면 언제까지나 제자리에 머물러 있을 수밖에 없다. 한 단계 업그레이드된 창작자가 되고 싶다면 먼저 결과물을 일정하게 내놓을 수 있는 능력을 갖춰야 한다. 예를 들어 그림을 그려서 인스타그램에 올린다면, 업로드 시간을 정해 일주일에 두세 번은 정기적으로 올리는 것이다. 그러한 과정을 통해 그림 실력도 꾸준히 키워나갈 수 있는 것은 물론, 나의 작품을 보고 응원해주고 적절한 피드백을 주는 독자들의 신뢰를 차차 확보해 창작자로서의 입지를 다져갈 수 있다.

아마추어 창작자들은 종종 인생에 한 번이라도 좋으니 천재성이 깃든 뛰어난 작품을 만들어보고 싶다는 꿈을 꾸지만, 그런 작품들 대부분은 성실함과 관리를 토대로 만들어졌다. 최고의 도예가들이 도기를 구워낸 후 자신의 기준에 부합하지 않는 도

자기들을 깨부순다는 이야기는 널리 알려져 있다. 이 이야기는 예술가의 타협하지 않는 안목과 탁월함을 추구하는 장인 정신을 보여주는 예화로 자주 인용된다. 하지만 나는 뛰어난 도예가들이 도기를 자주, 또 많이 빚었다는 사실도 간과해서는 안 된다고 생각한다. 수도 없이 많은 도기를 빚고 구웠기에 그중 최상의 도기가 몇 개 나올 수 있었던 것이다.

당신의 프로젝트가 창작이라면 먼저 작품의 질보다도 양에 집중해보자. 그림을 그려 인스타그램에 올리기로 다짐했다면, 적어도 3개월간은 매일 무언가를 그려 올리는 프로젝트를 수립한 뒤 총 90장의 그림을 그리는 것이다. 글쓰기를 다짐했다면 어떤 글을 쓸 것인지, 어떻게 쓸 것인지도 중요하지만 무엇보다도 목표 분량을 정하고 최악의 경우에도 지킬 하한선도 정하자. 글을 쓸 기분이 아니거나 졸리고 피곤한 날은 딱 3줄만 써도 좋다는 식으로 말이다. 그렇게 하루 평균 1000자 정도의 글을 쓰는 습관을 3개월 지속한다면 9만 자 분량의 글을 결과물로 얻을 수 있고, 이후에 글을 다듬고 정리해서 공모전에 응모하거나 출판사에 투고할 수도 있다.

'끝내주게 재미있는 미스터리를 써야지!' 이렇게 가슴을 뛰게 하는 목표를 세웠다면, 얼마만큼의 기간에 걸쳐 어떤 분량의 글

　　　　　　　　　　　　　계획이 실패가 되지 않게

을 쓸 것인지도 정해두자. 이것이 바로 OKR에서 이야기하는 양적 지표인 핵심 결과에 해당한다. 핵심 결과를 설정하고 그것을 쪼개 하루나 일주일 단위의 계획을 세워 꾸준히 실천하고 진행 상황을 점검하며 돌발 상황이 생긴 경우에는 일정을 조정하는 등 전체적인 프로세스를 제대로 관리한다면, 들쑥날쑥해지기 마련인 창작물의 아웃풋을 비교적 일정하게 산출해낼 수 있다.

프로젝트 관리법과 OKR의 시너지

나는 개인이 자신의 삶에서 OKR을 활용할 때, 실천 과정에서 함께 적용할 수 있도록 프로젝트 관리에 대한 기본적인 지식을 익혀두기를 권한다. O는 영감을 불러일으킬 수 있는 목표를 제시하고, KR은 목표에 이르기까지의 과정을 수치를 통해 검증하고 추적할 수 있게 해 뚜렷한 방향을 제시한다. 하지만 OKR을 고심해서 정하고 난 후에도 구체적인 계획 수립과 꾸준한 점검 없이는 끝까지 동기를 유지하기가 힘들고, 결국 프로젝트를 방치하는 기간이 길어져 결국에는 목표를 잊고 마는 일도 흔하다. 프로젝트 관리법을 이용해 실질적인 실행 계획을 짜면 이렇게 흐지부지될 가능성을 낮출 수 있다.

마라톤에 비유하자면, OKR은 골인 지점이 어디인지 알려주고, 골인까지 총 42.195킬로미터의 거리를 뛰어야 한다는 것을 알려주는 지침이다. 하지만 실전에서는 방향과 거리를 알고 있는 것만으로는 부족하다. 완주하고 싶다면 사전에 자신의 능력과 코스 조건 등의 요소를 감안하면서 언제 에너지를 아끼고 언제 질주할 것인지 페이스를 배분해 미리 계획을 세워두어야 하고, 달리기 시작하면 수시로 나의 속도를 체크하고 체력을 안배해야 한다. 1킬로미터를 주파하는 데 몇 분을 할당해야 끝까지 달릴 수 있는지 미리 계산해두고, 5킬로미터 단위로 자신의 기록을 체크하여 계획보다 느리다면 속도를 높이고, 계획보다 빨리 달려 체력에 소모가 심하다면 속도를 늦추는 것이다.

이렇게 특정 기간에 걸쳐 달성하고자 하는 목표를 설정한 다음, 해야 할 일을 쪼개 사전에 계획을 세워두고, 마디마다 성과를 점검한 뒤 페이스를 조율하는 데 필요한 실용적인 지식이 바로 프로젝트 관리이다. 따라서 성취하고 싶은 일을 프로젝트로 수립하여 관리한다면 OKR의 효과를 극대화할 수 있다.

프로젝트라 하니 거창하게 들릴지도 모르겠다. 하지만 프로젝트의 특징은 시작과 끝이 명확하고 고유한 결과물을 창출하는 데 있다. 꼭 업무와 관련되어야 할 필요도 없고 기간이나 규모에 제약이 있지도 않다. 습관 개선과 같은 작은 일에서부터 창의력을 극대화하여 뛰어난 예술 작품을 창조하는 야심찬 일에 이르기까지, 이루고 싶은 일을 나만의 프로젝트로 정의하고 관리하여 성공적으로 끝마쳐보자. 그러한 경험을 반복하면 삶에서 선순환을 만들어낼 수 있다.

나만의 프로젝트를 시작하기

나의 건강 관리 프로젝트와 글쓰기 프로젝트는 비교적 순조롭게 진행된 편이다. 나는 프로젝트 매니저로서 일했던 경험을 통해 관리에 대한 기본적인 지식을 갖추고 있었던 데다가, 오랫동안 OKR을 활용하고 시행착오도 겪어보면서 나의 능력과 내가 가진 시간을 감안했을 때 대체로 어느 수준의 성취를 이룰 수 있는지 알고 있었기 때문이다.

하지만 처음 OKR을 시도하려는 사람은 여러 가지 문제에 부딪힐 수 있다. 목표를 어떻게 세워야 하는지, 핵심 결과는 무엇을 선택하면 좋을지, 기간은 어떻게 설정해야 하는지, 프로젝트를 며칠간 방치하고 났더니 놓아버리고 싶을 때는 어떻게 해야 하는지 등등, 각자의 상황과 능력, 성격 등에 따라 다양한 장애물과 마주칠 수 있다.

　현실은 이론보다 훨씬 복잡하다. 최고의 대학에서 경영학 박사 학위를 취득한 사람이라 하더라도 어떤 방법론을 처음 시도할 때면 필히 예상치 못한 문제를 겪는다. OKR에 도전할 때 단 한 번의 시도로 모든 것이 순조롭게 진행되는 경우는 거의 없다는 것을 염두에 두자. 실리콘밸리의 잘나가는 기업들도 최소한 두세 번의 시행착오를 거치면서 OKR을 차츰 사내에 정착시켰다. 중요한 것은 실패의 조짐이 보일 때 '이것은 나에게 안 맞는 방식이야'라는 편견에 사로잡혀 쉽게 포기하지 말고, 왜 실패했는지 그 이유를 따져보고 수정하며 또 한 번 시도하는 자세다.

　꼭 해야 하는 일이지만 지금까지 미뤄왔던 일, 언젠가 해보려고 생각만 하고 있었던 일, 꿈은 거창하지만 어떻게 시작해야 할지 모르겠어서 손을 대지 못하고 있었던 일이 있다면 먼저 그 일을 하고 싶은 궁극적인 이유에 대해서 생각해보자. 그 목표를 성공적으로 실현하고 난 다음 1년 후, 3년 후, 5년 후의 나의 모습은 어떨지 구체적으로 떠올리며 그림을 그려본다면 내가 그 일을 하고 싶은 진짜 이유를 알 수 있을 것이다. 비전이 명확해졌다면 목표인 O를 설정하고, 그 목표를 달성하기 위해서 해야 하는 구체적인 작업이나 넘어서야 하는 기준을 핵심 결과인 KR로 설정하면서 시작하면 된다.

그다음 멋진 프로젝트명을 붙이고, 언제부터 시작해서 언제 끝낼 것인지 정한 다음, 해야 할 일을 하루 단위까지 쪼갠 뒤 그 일을 같은 리듬으로 반복해서 습관으로 만드는 것, 성공한 뒤에는 더욱 야심찬 프로젝트를 추진하고, 실패했다면 문제점을 개선하여 다시 시도하는 것. 이 모든 일을 실행하려면 꽤 힘들 수도 있다. 하지만 그때마다 조금씩 나에게 맞는 방식으로 바꾸어가며 다시 도전해보자. 그러다 보면 언젠가 OKR은 여러분들의 삶의 일부가 되어 있을 것이다. 아주 작은 것부터 시작해도 좋다. 나만의 개인 프로젝트를 지금 바로 시작해보자.

Chapter 06

함께 해야
이룰 수 있는 일도
있다

에너지만 낭비하는 방법론

내가 직장 생활에서 싫어했던 것은 손에 꼽을 수 없을 정도로 많다. 업무는 뒷전이고 사내 정치에만 관심이 있는 상사, 이메일을 무시하고 답장하지 않는 동료, 출근 시간이 1초라도 지난 뒤에 리더기에 카드를 찍으면 반차 처리를 하는 융통성 없는 대기업의 근퇴 시스템, 지긋지긋한 사내 정치와 회식 문화에 이르기까지. 일의 본질과는 관련이 없으면서 나와 팀원들의 자율성과 창의성을 한없이 위축시키고 방해하는 모든 것이 싫었다.

　그중에서도 나는 매일 아침의 스탠드업 미팅을 끔찍이 싫어했다. 스탠드업은 각자가 어제 한 일, 오늘 할 일을 돌아가면서 짧게 보고하는 미팅으로, 서 있는 상태에서 끝낼 수 있을 정도로 짧게 진행하는 것이 중요하기 때문에 '스탠드업'이라고 불리지 만 현실은 달랐다. 누군가가 무언가에 말을 얹기 시작하면 30분 이고 1시간이고 영영 끝이 나지 않아 다리가 아프기 일쑤였다.

스탠드업은 흔히 다음과 같은 과정을 통해 팀에 도입된다. 의욕은 넘치지만 팀원들의 업무 진척 상황을 어떻게 관리해야 할지에 대한 지식도 경험도 부족한 리더가 어디선가 '애자일', '스크럼', '스탠드업'과 같은 그럴듯한 개념을 듣고서는 신에게서 계시라도 받은 현자처럼 '바로 이거다!'라고 무릎을 친다. 다음 날부터 아무 죄도 없는 팀원들은 아침을 길고 지루한 미팅으로 시작하는 비극을 맞이하게 된다.

나는 스탠드업을 매일 아침 실시한다는 발상을 이해할 수 없었다. 업계의 특성에 맞지 않았다. 개발자나 디자이너는 자율성과 창의성을 절실히 필요로 하는 직종이다. 좋은 아이디어가 떠올라 일이 순조롭게 진행되는 시간, 머리가 돌아가지 않아 일이 느리게 진행되는 시간, 일어나고 밥을 먹고, 일을 시작하고 끝맺는 리듬이 각자 다 다르다. 이메일을 읽으면서 아침을 천천히 시작하고 싶은 팀원도 있을 것이고, 일단은 커피부터 마시고 싶은 사람도 있을 테고, 아침부터 몰아치며 프로그래밍을 하고 싶은 사람도 있을 것이다. 하지만 반드시 아침에 스탠드업을 해야 한다고 강제하면 각자의 리듬을 파괴하게 되고, 아침에 빨리 일을 시작하고 싶은 사람도 팀원들과 모두 모여 스탠드업이 끝날 때까지 기다릴 수밖에 없다.

'어제 무엇을 했고 오늘은 무엇을 할 것인지'라는 형식에 맞춰 대답을 하기 위해 기억을 끄집어내어 보고하다 보면 마치 선생님께 숙제를 했는지 안 했는지 이야기하는 유치원생이 된 것 같았다. 관리자라면 스스로 상황을 파악하고 진행 상황에 차질은 없는지 살펴보아야 하는데, 평소에 무슨 일이 일어나는지 관심도 없고 이메일도 슬랙도, 이미 올라온 업무 보고며 공유된 스케줄도 보지 않다가 매일 아침 멤버 전원에게 '너는 어제 무엇을 했고 오늘은 뭘 할 거니?'라고 묻는 것은 지나치게 게으른 행동이라 느꼈다.

스스로 일을 계획하고 수행할 수 있는 독립적인 인재들을 골라 채용했다면 회사와 관리자는 그들이 자유롭게 자신의 일에 집중할 수 있는 환경을 제공해서 생산성을 끌어올려야 한다. 매일 아침 그들을 불러내어 '어제 뭘 했니? 오늘 뭘 할 거니? 문제는 없니?' 묻기보다는 의미 있는 작업량의 진척을 스스로 이루

계획이 실패가 되지 않게

어낼 때까지 충분한 시간을 주는 편이 팀원들의 사기 진작과 결과물의 질적 향상에 보다 도움이 된다. 능력 있는 팀원이 가장 싫어하는 것이 바로 사사건건 간섭하고 통제하려 드는 관리자이며, 시시각각 보고를 하게 만들고 진척을 관리하려 드는 마이크로매니징이다.

실제로 성과를 내는 방법론

그래서 나는 팀 프로젝트에도 OKR을 도입하길 권한다. 팀 프로젝트에 OKR을 적용하면 괜히 에너지를 소모하지 않으면서도 같은 목표를 추구하고 효과적으로 협력할 수 있다. 크리스티나 워드케는 팀의 OKR을 성취하려면 월요일에 상황을 점검하고 금요일에 일주일간 이룬 것을 축하하는 정도가 적절하다고 말했다. 한 주의 시작과 끝을 명확하게 설정하되 그사이의 시간은 팀원들이 자율적으로 목표를 향해 나아가는 데 쓸 수 있도록 해주는 편이 매일같이 회의하고 보고하게 하는 것보다 훨씬 스마트한 관리 방식이다.

팀 프로젝트에서 OKR을 활용할 때 얻을 수 있는 또 하나의 장점은 공통의 목표를 설정한 후 이에 연계된 각자의 목표를 따로 설정함으로써 모두가 같은 방향으로 나아가는 추진력이 생긴다는 점이다. 여기서 말하는 팀 프로젝트는 회사에서 팀을 구성해서 추진하는 업무가 될 수도 있지만, 뜻이 맞는 사람들끼리 모여 진행하는 독서, 밴드 활동, 스포츠 등의 취미나 쇼핑몰 운영, 웹사이트나 앱 개발 등의 부업, 사회 정의를 추구하거나 자원 봉사 활동을 하는 일 등을 모두 포함한다.

팀 프로젝트에 OKR을 도입하기 위해서는 먼저 팀이 추구하는 궁극적인 목표와 핵심 결과를 모두가 상의해서 정한 뒤, 각각의 팀원이 자신의 능력과 기술, 그리고 사용할 수 있는 시간과 노력 등의 제약 조건을 감안해 팀의 OKR과 연결되는 자신만의 OKR을 결정해야 한다. 또한 모두의 OKR을 서로 투명하게 공개하여 모든 팀원의 책임 범위를 명확히 해서 겹치는 일이 없도록 하고, 현재 누가 어떤 일에 임하고 있는지 쉽게 알 수 있도록 해야 한다. 이렇게 한다면 수월하게 서로를 돕고 피드백도 원활하게 줄 수 있어 팀워크를 더욱 강화할 수 있다.

2014년에 재직하고 있던 야후 재팬에서 나는 두 명의 iOS 엔지니어를 만났다. 그들은 개인적으로 앱을 개발해서 앱스토어에서 판매해 약간의 수익을 올리고 있다고 했다. 두 사람은 나에게 당시 막 공개된 iOS 8에서는 앱에서 사진을 삭제할 수 있다면서, 함께 이 기능을 사용해 사진첩을 정리하는 앱을 만들어보지 않겠냐고 제안했다. 사이드 프로젝트에 관심이 있었던 나는 도전해보고 싶다고 했고, 그렇게 디자이너인 나와 엔지니어 두 명이 팀을 짜서 앱 개발을 시작하기로 했다.

당시 회사가 있던 롯폰기 근처의 피자집에서 함께 점심을 먹으며 우리는 이 앱에 '알파카'라는 이름을 붙이기로 했다. 개발자인 H가 앱 이름을 생각하는 도중 자신은 알파카를 좋아한다고 말했다. 나는 알파카를 모티브로 삼은 디자인을 쉽게 떠올릴 수 있었고 사람들에게 친근한 인상을 남길 수 있을 것 같아 알파카라는 이름에 찬성했다. 그렇게 사진 정리 앱 개발 프로젝트, 알파카가 시작되었다.

우리는 이 프로젝트를 하고 싶은 이유와 이루고 싶은 성과에 대해서도 의논했다. 우리는 앱 개발 경험을 쌓아 이력에 추가하는 것은 물론 덤으로 부수입을 올리고 싶다는 공통된 동기를 가지고 있었다. 당시에 UI 디자인이 미숙했던 나는 이 프로젝트를 통해 실전 경험을 쌓고 싶었다. 게다가 미래에 이직을 할 때에도 '제가 그 알파카를 디자인한 사람입니다'라고 어필할 수 있다면 멋있을 것 같았다. 그렇게 과제가 분명해졌다. 아이폰 이용자들에게 도움이 되는 좋은 앱을 개발해 인기를 얻자!

이후에 일본에서 홍콩으로 이직을 했을 때, 알파카는 실제로 나의 포트폴리오 안에서 UI 디자인 실무 능력을 증명해주는 역할을 톡톡히 해냈다. 당시 홍콩의 에이전시에서 나를 채용했던 직속 상사는 내가 취미로 앱을 개발하고 있으며 그 앱이 앱스토어에서 높은 평가를 받고 있다는 것에 깊은 인상을 받아 직접 다운로드하고 사용해본 결과, 누구나 쉽고 편리하게 조작할 수 있는 디자인이었다며 면접 때 나를 칭찬하기까지 했다. 이렇게 사이드 프로젝트를 커리어와 연계시키니 단기적인 수익 창출은 물론이고 장기적인 커리어 관리라는 일석이조의 효과를 이끌어낼 수 있었다.

우리는 개발에 앞서 앱의 핵심 결과를 몇 가지 골라 거기에 집중하기로 했다. 다운로드 수, 사용자 수, 사용 시간, 수익 금액은 모두 앱 개발에 있어서 중요한 지표이지만, 사람들이 우리의 앱을 잘 활용하여 실제로 사진첩에 있는 필요 없는 사진을 대거 삭제하고 있는 것이야말로 좋은 앱을 만들었다는 방증이라고 생각했다. 그래서 우리가 처음에 세웠던 목표는 '알파카로 전 세계의 사람들이 필요 없는 사진을 사쿠사쿠^{さくさく} 삭제할 수 있도록'이라는 것이었다. '사쿠사쿠'란 일본어로 신속하고 경쾌하

계획이 실패가 되지 않게

기간	O	KR
8개월	손쉽게 필요 없는 사진을 삭제할 수 있는 애플리케이션 '알파카'를 개발하자	사진 삭제 수 100만 장 달성하기
		사용자 리뷰 별점 4.5 이상
		20개 이상의 국가와 지역에 오픈

팀 알파카의 OKR

게 일을 처리하는 모습을 표현한 말로, 알파카로 실현하고 싶었던 것을 상징하는 단어였다. 당시에 우리가 합의했던 목표와 핵심 결과를 정리해보면 위와 같다.

이렇게 보다 많은 사진을 삭제할 수 있는 앱을 만들자는 목표가 명확해지니, 나도 디자이너로서 필요 없는 사진을 쉽게 골라내고 한 번에 삭제할 수 있는 인터페이스를 생각하게 되었다. 결국 비슷한 사진을 골라 묶어서 표시하고, 그중에서 필요한 사진만 골라 남기고 나머지를 모두 삭제하는 방식을 떠올렸다. 이는 사진을 한 번 찍을 때 여러 장 연속해서 찍는 습관이 있는 사람들에게는 더욱 유용한 사진 정리 방식이다. 사진을 대량으로 찍기만 하고 정리하는 습관이 없는 사람들은 자연스레 스마트폰이 느려지고 용량도 부족해지는데, 알파카를 잘 디자인한다면 이러한 용량 문제를 해결할 수 있다는 생각도 들었다.

또 우리는 별점을 잘 관리하기로 했다. 우리의 의도대로 사람들이 편하게 사진을 '사쿠사쿠' 삭제할 수 있다면 만족도도 높을 것이고, 결과적으로 높은 별점을 매겨줄 것이라고 생각했다. 높은 별점을 기록해 좋은 앱이라는 평판이 생긴다면 더 많은 사람들에게 선택받을 수 있고, 결국 더 많은 사진 삭제로 이어질 수 있다. 그래서 우리는 사람들이 사진을 대량으로 삭제하고 난 이후에 리뷰를 부탁하는 창을 띄워 자신의 경험을 공유하고 별점을 매길 수 있도록 했다.

팀으로서 추구하는 목표와 핵심 결과가 명확해지자, 각자가 어디에 집중해야 하는지도 뚜렷해졌다. 사진을 간편히 삭제할 수 있는 앱을 개발하는 것이 팀의 목표라면, 그것을 실현할 수 있는 디자인을 만들어내는 것이 디자이너로서 나의 역할이었다. 또 전 세계의 사람들이 사진을 삭제할 수 있게 하기 위해 다양한 언어로 제공해야 했다. 이렇게 우리는 공통된 목표하에 각자 자신이 해야 할 일을 정해 개발과 디자인을 진행하기 시작했다. 오른쪽은 팀의 OKR과 연계되어 있으면서도 그것을 더욱 세분화하여 내가 디자이너로서 해야 하는 일을 목표와 핵심 결

계획이 실패가 되지 않게

기간	O	KR
3개월	전 세계 유저를 대상으로 하는 애플리케이션 '알파카'를 디자인하자	한 번의 조작으로 10장 이상의 사진을 삭제할 수 있는 UI를 디자인하기 5명 이상의 사용자에게 테스트를 실시하기 5개 언어(영어, 일본어, 한국어, 중국어 번체·간체)로 유저들에게 대응하기

알파카 디자이너(나)의 OKR

과로 설정한 내용이다.

개발자들도 자신의 목표와 핵심 결과로 '사진이 사쿠사쿠 삭제되고 있는지 알아보기 위해 구글 애널리틱스에서 삭제되고 있는 사진의 총 매수를 집계하기', '한 사람당 평균 사진 삭제 매수를 집계하기', '사진을 취득하여 앱에서 표시하는 시간을 최소화하는 알고리즘을 개발하기', '처리 도중에 화면이 굳어버리는 문제를 분석하고 해결하기', '사용자 리뷰 내용을 분석하여 신속하게 앱을 개선하기' 등의 과제를 설정해 개발을 진행했다. 수시로 메신저로 진행 상황을 공유하거나 고민을 주고받기도 하고, 가끔가다 회사 근처에서 모여 점심이나 간식을 먹으며 현황을 나누기도 했다.

이렇게 개발과 디자인을 진행한 결과, 2014년 11월에 우리는 버전 1.0을 공개할 수 있었다. 딱히 마케팅에 시간과 노력을 투자하지 않았음에도 금세 많은 유저들이 앱을 다운로드하여 별점을 올려주기 시작했다. 처음에는 일본어 버전만 있었지만 '전세계에서 사진 100만 장 삭제'라는 큰 목표가 있었던 만큼 곧 영어, 한국어, 중국어 버전을 출시했다. 그러자 다양한 국가와 지역에서 사람들이 알파카를 다운로드 받는 것을 데이터로 확인할 수 있었다. 엄청난 히트를 친 것은 아니었지만, 초기에 이처럼 괜찮은 성적을 기록한 것은 우리의 목표가 뚜렷했으며 그 목표에 도달하기 위해 필요한 요소를 함께 세밀하게 고민했기 때문이라고 생각한다. 추구하는 것이 정확했기에 거기 도달할 만한 디자인과 개발도 적절하게 이루어져 좋은 앱을 만들었고, 사용자들 또한 우리의 비전에 공감했던 것이다.

한국에서는 더욱 반응이 좋았다. 많은 블로거들이 알파카를 추천하는 글을 썼고, 유튜브의 인기 채널에도 소개되어 한국 앱스토어에서의 별점은 무려 4.8을 기록했다. 평소에 사진을 너무 많이 찍어서 유료 스토리지를 결제해야 하나 고민하고 있었는데 알파카를 사용해서 돈을 지켰다는 이야기, 알파카로 사진을

계획이 실패가 되지 않게

정리하다 보니 금방 40기가를 확보했다는 이야기, 아이폰 인생에서 최고의 앱이라는 평가까지, 생생한 경험담을 읽다 보면 '사진을 사쿠사쿠 삭제할 수 있도록' 한다는 팀 알파카의 목표가 강력하게 작동했다는 것을 실감할 수 있었다.

목표가 거창한 건 문제가 아니다

후회도 남았다. 우리는 알파카가 7년이 지난 지금까지 사용될 거라고 생각하지 못했다. 스마트폰의 발전을 생각한다면 몇 년 후에는 아이폰이 알아서 사진첩을 최적화하고 필요 없는 사진을 정리하는 기능 정도는 갖추게 될 테니, 굳이 사람들이 알파카를 사용해 사진을 직접 지우지 않아도 될 것이라고 생각했다. 그래서 우리는 프로젝트의 기한을 단기로 설정했고, 2015년 4월에 '사진 100만 장 삭제'라는 핵심 결과를 달성한 이후에는 적극적으로 팀 활동을 이어가지 않았다.

내가 홍콩으로 이주하고, 나머지 두 명의 개발자들도 창업을 하고 이직을 하면서 팀은 해체되었다. 지금도 가끔씩 앱스토어에 '앱은 좋으나 마지막 업데이트가 6년 전인데 개발자는 무엇을 하고 있나'라는 혹평이 올라오는 것을 보면 쓴웃음을 짓게 된다. 구글 수석 디자이너 제이크 냅은 기획 실행에 대한 책 『스프린트』에서 말했다. "목표는 당신 팀의 원칙과 포부를 반영해야 한다. 목표가 지나치게 거창하다고 걱정할 필요는 없다."[8] 나 역시 다음에 팀 프로젝트를 할 일이 생긴다면 아무리 먼 이야기 같아 보인다고 해도 장기적인 비전을 먼저 이야기하고 나서 단기적인 계획을 세울 생각이다.

이렇게 팀에 OKR을 도입할 때에는 먼저 팀 전체의 비전과 목표를 명확히 한 후에, 팀의 목표와 연계된 팀원들의 목표를 각각 설정해 정렬시켜야 한다. 또 모두의 OKR을 투명하게 공개하고, 정기적으로 진척 상황을 점검하는 시간을 가져 누가 무슨 일을 하고 있는지 파악할 수 있도록 한다. 뜻이 맞는 사람들이 모여 팀을 구성한다 하더라도 각자의 능력이나 놓여 있는 상황, 의욕 수준은 천차만별일 수 있기 때문에 적절한 목표를 설정하고 모두가 같은 방향으로 나아가기 위한 관리가 필요하다. 이때, 본질을 놓치지 않게 하는 OKR은 무척 효과적인 도구이다. 알파카 팀이 성공적으로 전 세계에서 100만 장 이상의 사진을 사쿠사쿠 삭제하도록 도운 것처럼, 하나의 중요한 목표를 정하고 팀원 모두가 거기에 도달할 구체적인 방법을 고안하고 진척시킨다면 좋은 결과를 낼 수 있다.

계획이 실패가 되지 않게

Chapter 07

구글을 만든
목표달성법
OKR

실리콘밸리의 상식이 된 목표달성법

OKR의 맥락을 조금 알아두면 그 핵심과 실행 방법 또한 더 잘 이해할 수 있다.[9] 20세기 초 미국에서는 제조업이 급성장하며 효율에 대한 관심이 크게 대두되었다. 특히 경영자들은 어떻게 조직을 구성하고 성과를 측정하면 최대의 수익을 올릴 수 있을지 깊이 연구했고, 그때부터 다양한 경영 이론들이 발생하기 시작했다. 당시에는 수직적인 조직 시스템을 갖추고, 경영진이 의사 결정을 하면 하부 조직에서 지시를 받아 명령을 수행하는 것이 가장 효율적이라는 생각이 표준으로 자리 잡았다.

하지만 시간이 지나고 산업의 양상이 변화하며 상부에서 모든 목표를 설정하는 방식에 문제점을 느끼고 비판하는 사람들도 생겼다. 그중 대표적인 인물인 경영학자 피터 드러커는 앞으로 다가올 지식 기반 경제에서는 '지식 근로자knowledge worker'들의 자율성을 존중하며 그들의 창의성을 극대화시킬 수 있는 인간적인 경영이 필요하다고 강조했다.

피터 드러커는 또 MBO Management by Objectives라 불리는 목표 관리 이론을 정립하여 장기적인 목표는 경영자들이 수립하되 기업 목표를 달성하는 과정에서 사원들도 자발적으로 참여하고 도전할 수 있도록 자신만의 목표를 가져야 한다고 주장했다. MBO는 곧 많은 기업에 도입되어 사원들이 스스로 목표를 설정하고 추구할 수 있게 되었다. 하지만 성과가 연봉이나 보너스와 같은 보상과 직접적으로 연계되면 오히려 높은 목표를 향한 도전을 피하고 낮은 목표를 일부러 설정하여 안전을 꾀하려 드는 문제점이 있었다.

인텔 창립의 주역이자 CEO였던 앤디 그로브는 MBO의 문제점을 개선해 OKR을 고안하여 투입했다. 그는 피터 드러커의 MBO에서 한 걸음 더 나아가 목표 설정 과정이 더욱 수평적이고 투명해야 한다고 주장했으며, 팀원들의 위험 감수를 자극하는 공격적이고 도전적인 목표 설정을 장려하였다. 그로브의 경영은 인텔의 성공 시대를 이끌었고 수많은 실리콘밸리 기업들에 큰 영향을 끼쳤다.

경영 컨설턴트이자 벤처 투자자 존 도어는 앤디 그로브가 OKR을 적극적으로 활용하기 시작했던 1970년대 인텔에서 일하며 OKR의 장점을 직접 체험한 인물이다. 이후 그는 벤처 투자자가 되어 다양한 기업들의 성과를 평가하게 되었고, 그 과정에서 OKR의 효과에 더욱 확신을 갖게 됐다.

존 도어는 1999년 구글에 투자하기로 결정하면서 뛰어난 사업 계획과 기술력을 갖추었지만 뚜렷한 경영 원칙은 없었던 초기의 구글에 OKR을 소개했다. 구글은 이를 효과적으로 활용하며 기업 문화로 정착시키는 데 성공했고 기적적인 성장을 일궈냈다. 이렇게 해서 OKR은 구글의 목표 달성 방법론이 되었다. 이 과정에서 보이듯 OKR은 뛰어난 경영자들이 오랜 시간 고민하고 경험으로 검증한 결과 만들어진 방법론으로, 사용자들이 목표를 정확하게 지향하며 높은 성취를 추구할 수 있도록 고안되었다.

OKR의 슈퍼 파워가 만들어주는 돌파구

OKR의 개념은 간단하고도 직관적이다. O와 KR이 무엇인지 이해한다면 누구나 바로 실행이 가능하다. 존 도어는 OKR을 이렇게 정의한다. '목표'는 성취해야 할 대상이고, 구체적이고 행동 지향적이며, 참가하는 모두에게 동기를 부여하고 도전 정신을 고취시킬 만한 무엇이어야 한다. '핵심 결과'는 측정과 검증이 가능한 기준으로, 목표를 달성하는 방안이다. 진행 상태를 쉽게 확인할 수 있어야 하며, 공격적인 동시에 현실적인 것이어야 한다.

존 도어는 OKR에 네 가지의 슈퍼 파워가 있다고 했다.[10] 첫째로 우선순위가 높은 과제를 골라 목표를 설정함으로써 중요한 일에 집중할 수 있도록 해준다. 둘째로 조직의 모든 구성원들의 OKR을 투명하게 공개해 팀의 정렬과 연결을 돕고, 셋째로 진행 상황을 쉽게 추적할 수 있게 해준다. 마지막으로 OKR은 야심찬 목표를 설정하도록 장려해 모두가 도전 정신을 갖게 한다.

야심찬 목표는 우리를 자극한다. 그 목표를 이루기 위해서 우리는 갖은 수단을 동원하고, 기존의 작업 방식을 다각도로 개선하고, 창의성 또한 극대화시키려고 노력하며 자신의 한계에 도전하게 되고, 그러다 보면 목표에는 도달하지 못해도 예상보다 훨씬 많은 것을 성취하게 된다. 그래서 OKR은 목표를 완전히 달성하는 것만을 성공으로 여기지 않는다. 완전한 달성만을 인정하면 안전한 목표만 설정하게 되기 때문이다. 오히려 실패하더라도 야심찬 목표를 세우도록 하며, 도달하지 못했다면 그 실패에서 확실하게 배워 다음 도전의 발판으로 삼는 것을 지향한다.

일례로 현재 구글의 CEO인 순다르 피차이는 웹브라우저 크롬의 개발 과정에서 OKR의 이런 야심찬 지향이 큰 효과를 거두었다고 말했다.[11] 2008년에 래리 페이지와 세르게이 브린은 크롬 브라우저를 개발할 때 "잡지를 넘기는 것처럼 웹을 빠르게" 넘길 수 있게 만들자는 어려운 목표를 세웠고, 개발자들은 이 목표를 달성하기 위해서 자바스크립트 속도 개선을 반복하여 20배 이상 향상시켰다. 또한 크롬 사용자 수 1억 명을 달성하겠다는 벅찬 목표를 세우면서 다양한 운영 체제에서 사용할 수 있는 브라우저를 출시했다. 이후 활발한 마케팅 캠페인을 펼치는 등 크롬의 성장 방식을 근본적으로 재검토하고 개선한 결과 1억 명 이상의 사용자를 획득할 수 있었다고 한다.

구글의 탁월한 성공 뒤에는 '야심찬 목표를 설정한다'라는

OKR의 원칙이 있었다. 구글은 "세상의 모든 정보를 체계적으로 수집하고, 사람들이 이것을 언제 어디서나 접근하고 활용할 수 있도록 만들 것"이라는 야심찬 목표를 세웠고, 이와 같은 목표하에 조직 구성원들은 OKR을 적극 활용하여 회사를 열 배, 백 배 규모로 키울 수 있었다. 1999년 100만 달러에 내놓고도 매각에 실패했던 구글의 2020년 연매출은 1810억 달러에 이르렀다.

'야심찬 목표'라는 말이 부담스러울지 모른다. 그러나 생각해보면 회사 밖에서 성취와 변화를 도모한다는 것 자체가 이미 야심찬 목표이다. 평생 끌어온 나쁜 건강 습관을 교정하는 것이나, 새로운 전문 지식을 습득하거나 이직하는 것은 물론 취미 생활을 본격적으로 하는 것 또한 큰 야심이다. OKR이 어떤 고민과 맥락을 거쳐 만들어진 것인지를 이해하고 그 도구를 내 상황에 맞춰 활용한다면 OKR의 슈퍼 파워가 돌파구가 될 수 있다.

Chapter 08

성공 확률을
높이는
확실한 방법

모든 일에는 숨겨진 업무가 있다

우리가 OKR의 슈퍼 파워를 원하는 건 개인적으로 실천에 옮겼던 다짐들이 다양한 실패의 덫에 빠졌던 경험 때문이다. 그런데 우리가 회사에서도 그렇게 했던가? 앞에서 나왔던 강완벽 씨는 달리기에서 완벽한 성과를 내지 못해 금방 좌절하고 쉽게 다짐을 놓아버렸다. 하지만 아무리 완벽을 좋아하는 강완벽 씨라 하더라도 회사에서 서류가 마음에 들지 않아 모두 찢어버리고 처음부터 다시 작성하는 행동을 일삼지는 않을 것이다. 생각해 보면 누구든 회사에서 팀을 이루어 업무를 진행할 때에는 개인

적으로 다짐한 일만큼 쉽사리 포기하지는 않는다. 그 이유는 무
엇일까?

회사 일은 나의 월급과 평판이 걸려 있기 때문에 더 진심으로
임하게 된다는 이유도 있겠다. 좋든 싫든 해야 할 일을 포기할
수 있는 권한이 나에게 없기 때문에 억지로 일을 진행해야만 하
는 상황도 있다. 매일 회사에서 정해진 시간을 보내다 보면 어떻
게든 일이 진행되기도 한다. 하지만 회사 업무가 개인의 다짐
보다 성공 확률이 높은 진짜 이유는 무엇보다도 그 수행 과
정을 제대로 관리하고 있다는 데 있다.

물론 회사 일이 항상 성공을 거두지는 않는다. 관리가 뭔지도
모르는 경영진이 직원들을 갈아 넣어 억지 성공을 거둘 때도 있
을 것이다. 하지만 어느 정도 조직이 잘 갖춰진 기업이라면 대
체로 목표 수립과 사기 진작은 경영진이, 예산 관리는 재무팀이,
인력 관리는 인사팀이 담당해 업무가 원활하게 진행되도록 신
경을 쓰고 있으며, 프로젝트 단위로 일을 진행하면 프로젝트 매
니저가 따로 있어 계획 수립과 일정 관리, 팀원 간의 의사소통과
조율 등의 업무를 총괄하기도 한다. 한마디로 회사는 일이 반드
시 진행되도록 구성된 조직이다.

따라서 우리가 기업의 업무 관리에 대해서 제대로 이해하

고 그것을 개인적인 목표 달성 과정에 적용한다면 성공 확률을 크게 높일 수 있다. '올해는 달리기를 해야지'라고 다짐을 한다면 내가 해야 할 일은 달리는 것뿐이라고 생각하기 쉬우나, 한 해 동안 꾸준히 달린다는 목표를 실제로 달성하려면 그 외에도 숨어 있는 다양한 관리 업무를 발견하고 수행하는 것이 중요하다. OKR 또한 그런 숨은 업무들을 손쉽게 처리하는 것을 돕는다.

개인적인 목표를 달성하려면, 이렇게 회사에서는 관리자나 경영자가 담당할 만한 업무를 자신이 직접 해결해야만 한다. 먼저 자신이 경영진이 되어 미래의 비전을 정하고 로드맵을 그려 보자. '나는 왜 달리는 것인가?', '달리기를 해서 내가 얻고 싶은 것은 무엇인가?', '1년 후의 이상적인 나의 건강 상태는 어떨까?' 등의 질문들을 스스로 던지고 답하는 것이다. 관리자의 역할도 잊지 말자. '나는 일주일에 몇 번 달릴 수 있는가?', '한 번에 몇 킬로미터까지 달릴 수 있는가?', '얼마나 달린다면 성공이라 정의할 수 있는가?' 등의 구체적인 문제들에도 답을 찾아야 하고, 달리고 싶지 않을 때 리더로서 스스로에게 의욕을 불어넣거나 돌발 상황이 발생했을 때 나의 능력과 주위 환경을 고려해 합리적인 의사 결정을 내리는 것까지 모든 게 자신의 몫이다.

'관리'라는 말은 기업의 전유물처럼 느껴지기도 하지만 우리가 개인적인 목표를 향해 나아가고 성취할 때 역시 무의식적으로라도 이런 단계들을 밟아나가기 마련이다. 기업에서 적용하는 관리 방법들은 프로젝트의 목표 달성률을 높이기 위한 과정을 전문적으로 연구하고 체계화한 결과이다. 개인 또한 이를 숙지하고 일상에서 활용한다면, 앞에서 언급했던 흔한 실패 요인들을 극복하고 목표에 다가갈 수 있다.

프로젝트란 무엇일까

프로젝트라는 단어는 흔하게 쓰이지만, 정확한 정의를 알고 있는 사람은 많지 않다. 성룡이 감독하고 주연한 〈프로젝트 A〉라는 영화를 보면 해군이 홍콩 주변에 출몰하는 해적들을 소탕하는 작전을 수행한다. 이렇게 '해적 소탕' 같은 독자적인 성과를 올리기 위해 제한된 시간과 인력으로 실행하는 일을 프로젝트라 한다. 만약 해적과 싸우는 일이 늘 있는 일이라서 개시 시점과 종료 시점을 정하는 것이 불가능하거나 어느 정도의 해군 병력을 지원할 것인지 정해두지 않은 채 임기응변으로 대처한다면 더 이상 프로젝트라 부를 수 없다.

계획이 실패가 되지 않게

국제적 표준으로 통용되는 프로젝트 관리 지식 체계인 PMBOK에 따르면 프로젝트는 "독자적인 서비스나 성과를 창출하기 위한 일시적인 노력"이라고 정의할 수 있다.[12] 여기서 프로젝트의 두 가지 특징을 찾아볼 수 있는데 먼저 일시적이고, 두 번째로 독자적이라는 것이다. '일시적temporary'이라는 말은 시작과 끝이 명확하다는 뜻이다. 프로젝트는 애초에 설정한 목적을 달성했거나 어떤 요인으로 인해 도중에 중지되는 경우에만 끝이 난다. 따라서 매일 반복되는 아침 먹기, 이메일 확인하기, 청소하기 등은 프로젝트가 될 수 없다. 하지만 같은 아침 먹기라고 하더라도 '30일간 건강한 아침 식사를 해서 2킬로그램을 감량하기'와 같이 시작과 끝을 설정하고, 달성하려는 고유한 목표를 정의해둔다면 그때부터 프로젝트라고 부를 수 있다.

또한 프로젝트는 종료와 함께 '독자적unique'인 결과를 창출한다. 매일 같은 장소를 같은 방법으로 청소한다면 반복되는 일상이지만, '사흘간 모든 옷을 꺼내 정리한다'와 같이 지금껏 시도해본 적이 없는 일을 성취하려 한다면 이 사흘이라는 단기간의 계획은 독자성을 가지게 되므로 프로젝트라 할 수 있다. 만일 과거에 비슷한 일을 해본 적이 있다 하더라도 작업의 내용이나 시기, 추구하는 결과에 차이가 있다면 독자성이 있는 프로젝트이다. 지금 내 목표를 달성하기 위해서 어떻게 프로젝트를 계획하고 실행하면 좋을지, 무엇이 달라져야 하는지 확인해보자.

프로젝트 진행의 정석 5단계

프로젝트를 성공으로 이끌기 위해서는 일정, 범위, 예산과 같은 다양한 제약 조건을 이해한 뒤 균형점을 찾아야 한다. 먼저 시간의 제약을 이해하고 이용하자. 데드라인은 언제인지, 주어진 시간은 얼마나 되는지를 파악한 후 그 기간 안에 어떤 식으로 해야 할 일을 배치하고 실행해나갈 것인지 계획을 세운다.

또한 프로젝트가 포함하는 작업의 범위를 처음부터 명확하게 정의한 후 가급적 이를 철저히 지켜야 한다. 회사 일을 하다 보면 합의한 프로젝트의 범위를 무시하고 슬그머니 작업의 범위를 늘리거나 논의한 적이 없는 안건을 가져와서 자꾸만 이것도 추가해달라는 사람이 있기 마련인데, 이런 현상을 '스코프 크리프scope creep'라 부른다. 이렇게 요구 사항이 늘어나고 투입해야 하는 자원이 점점 증가하다 보면 처음에 세운 계획은 파탄이 나고 프로젝트의 실패 가능성도 커지기 때문에 경계해야 한다. 개인 프로젝트에서도 마찬가지로 별생각 없이 목표의 범위를

계획이 실패가 되지 않게

늘리지 않도록 유의해야 한다. 애초에 달성하려던 목적의 범위를 분명히 문서화해두고 가이드라인으로 삼아 어지간해서는 크게 변경하지 않으면 실패 가능성을 어느 정도 예방할 수 있다.

예산도 고려해야 하는 제약 조건이다. '30일간 건강한 아침 식사를 해서 2킬로그램을 감량하기' 프로젝트를 달성하기 위해서 유기농 재료를 잔뜩 사들인다면 지나치게 큰 비용이 들 수 있다. 더불어 인력도 예산의 일부라는 것을 잊어서는 안 된다. 내가 시급 1만 원을 받는 근로자인데, 아침 식사 준비에 심혈을 기울이느라 매일 식단을 짜고 장을 보고 요리를 하고 정리하는 데에 2시간씩 쓰고 있다면 매일 2만 원의 기회비용이 들고 있다는 사실도 인식해야 한다.

제약 조건들을 파악한 다음 이제 본격적인 실행에 들어갈 차례이다. PMBOK에 따르면 프로젝트는 착수, 기획, 실행, 감시 및 통제, 종료의 5단계로 이루어진다. 이 책에서도 PMBOK의 정의를 바탕으로 프로젝트를 성공으로 이끄는 과정을 5단계로 나눠보았다. 첫 번째로 뚜렷한 목표와 핵심 결과를 설정하고, 그다음 두 번째는 여러 가지 제약 조건을 감안해 실행 계획을 수립하는 것이다. 세 번째로 실천을 습관화하고 네 번째로 꾸준하게 점검한다. 마지막으로 다섯 번째는 회고와 학습이다. 나만의 프로젝트도 똑같은 단계로 구성해 하나하나 완수해보자. 내가 세운 계획인데도 거기에 끌려가다 포기하거나 '되는대로' 하는 상태에서 벗어나서, 더 넓은 시야를 갖고 하루하루의 과제를 실행할 수 있다.

나의 프로젝트 매니저 되기

프로젝트 매니저란 이 과정을 순조롭게 이끌어 결국 성공에 이르도록 하는 사람이다. 우리가 영어 공부나 달리기를 하기 위해서 프로젝트 관리 전문가가 되거나 해당 자격증을 취득할 필요는 없다. 하지만 이 책에서 다룬 프로젝트 관리 개념 정도만 이해해도 추상적인 다짐을 구체적인 실천 계획으로 바꾼 뒤 실행하고 그 내역을 추적하는 것이 훨씬 수월해진다.

여기 IT 기업에서 프로젝트 매니저로 일하고 있는 조관리 씨가 있다. 그가 독서를 하겠다는 다짐을 했다면, 어떤 식으로 이를 진행할지 생각해보자. 먼저, 목표를 세웠다면 그것을 달성하는 과정을 하나의 프로젝트로 설정한다. 정해진 기간 없이 막연히 책을 읽겠다고 하는 대신 언제까지 몇 권을 읽을 것이고, 어떤 결과를 낼 것인지 정하는 것이다.

PMBOK 정의 프로세스   이 책에서 정의한 프로세스

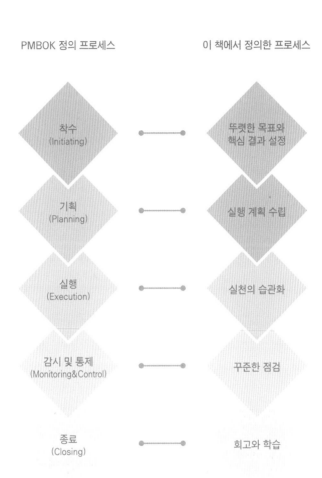

착수   뚜렷한 목표와
(Initiating)   핵심 결과 설정

기획   실행 계획 수립
(Planning)

실행   실천의 습관화
(Execution)

감시 및 통제   꾸준한 점검
(Monitoring&Control)

종료   회고와 학습
(Closing)

프로젝트를 성공으로 이끄는 5단계

조관리 씨는 자신의 독서 활동을 하나의 프로젝트로 설정하여 1월 1일부터 시작해서 3월 31일에 마무리 지을 것이며, 결과물로서는 책 10권을 완독하고 감상문을 써서 블로그에 공개한다는 계획을 세웠다. 이렇게 기간과 결과물을 명확하게 정의하고 난 후에, 해야 할 일을 쪼개 견적을 내기 시작했다. 책 10권을 읽어야 하는데 총 90일이라는 시간이 있으므로 책 1권을 마치는 데 사용할 수 있는 시간은 9일이다. 그중 하루는 감상문을 쓰는 데 할애한다고 하면, 책 1권을 읽는 데 8일을 사용할 수 있다. 평균적으로 책 한 권이 400페이지 정도 된다고 하면, 하루에 읽어야 하는 분량은 50페이지이다. 조관리 씨가 책을 50페이지 읽는 데 걸리는 시간이 대략 1시간이라고 한다면, 매일 1시간씩 시간을 내서 독서를 하면 이 프로젝트는 성공할 수 있다는 계산이 나온다.

　　이렇게 해야 할 일을 파악하고 잘게 쪼개 현실적으로 실행 가능한 일정을 수립한 뒤, 효율적으로 시간과 인력 등의 자원을 배분하는 것이 일정 관리의 첫 단계이다. 프로젝트를 시작하고 난 이후에는 계획대로 진행되고 있는지 주기적으로 확인하면서 더 빠르게 진행되고 있다면 데드라인을 앞당기거나, 더 느리게 진행되고 있다면 일정을 늦추거나 읽어야 하는 책의 분량을 줄이

1일째	2일째	3일째	4일째	5일째	6일째	7일째	8일째	9일째

하루에 50 페이지 이상(1시간씩) 독서	감상문 쓰기

──────── 위의 사이클을 10회 반복한다 ────────

조관리 씨의 독서 계획표

먼서 대응한다. 상황은 변하고 사람은 자신을 잘 모를 때가 많으니 항상 계획한 대로 정확하게 일정을 지키는 것은 쉽지 않다. 따라서 계획에서 한 치도 벗어나지 않도록 애를 쓰는 것보다 되도록 미리 정해둔 일정에서 크게 벗어나지 않도록 노력하되, 꼭 필요한 경우에는 일정을 수정해 그 안에서 최종 목표를 달성하도록 하자. 처음 계획에서 벗어났다고 되는대로 하지 않고 현실에 맞게 일정을 수정해 실행해보면 긴장도도 유지할 수 있고 내가 일하는 특성 또한 더 자세히 알 수 있다.

위기는 정보다

이렇게 구체적인 계획을 세워두었다 하더라도 일을 진행시키다 보면 다양한 돌발 상황과 마주치게 된다. 매일 책을 읽는 것은 너무 피곤해서 일주일에 하루나 이틀 정도는 쉬고 싶다는 생각이 들 수 있다. 약속이 생겨 연속으로 며칠간 독서를 못 할 수도 있다. 견적이 잘못되었을 가능성도 있다. 예를 들어 계획을 세울 때에 책 한 권의 분량이 평균적으로 400페이지라고 가정했지만, 정작 읽을 책을 고르고 나니 700페이지가 넘는 두꺼운 책이라서 끝까지 읽기 힘들 수도 있고 반대로 100페이지도 안 되는 얇은 책이라서 김이 빠질 수도 있다.

계획을 실행하기 시작한 초기에는 이렇게 세세한 것을 모두 알지 못해 불확실성이 크다. 그러니 미처 생각하지 못했던 문제에 충분히 대응할 수 있도록 20퍼센트에서 40퍼센트 정도의 여유 시간을 추가로 포함해두면 좋다. 즉 90일이라는 시간이 있다면 대략 20퍼센트인 18일은 여유 시간으로 설정하고, 나머지 72일 동안에만 독서를 하는 계획을 세우는 것이다. 또는 90일의 독서 시간과 18일의 여유 시간을 합쳐 총 108일간의 일정을 수립하고 데드라인을 미루는 방법도 있다. 이렇게 여유 시간을 미리 일정 안에 계산해두면 각종 돌발 상황에 유연하게 대응할 수 있어 성공 확률은 더욱 높아진다.

최악의 상황은 생각했던 것처럼 일이 진행되지 않는다고 해서 프로젝트 전체를 포기하고 중단시켜버리는 것이다. 일이 뜻대로 흘러가지 않는다면 그 이유를 복기해보고, 개선책을 찾아 계획을 수정하는 것이 중요하다. 예를 들어 견적을 작성할 때에는 1시간에 책을 50페이지 읽을 수 있다고 생각했지만 실제로 독서를 해보니 30페이지밖에 속도가 나지 않았다면 기간을 늘리거나, 책을 읽는 시간을 늘리거나, 끝내야 하는 책의 분량을 줄여서 대응하는 것이다. 처음에 작성한 견적이 틀렸더라도, 이러한 과정에서 내가 책을 읽는 속도가 실제로 어느 정도 되는지 학습을 했으니 다음번에 견적을 낼 때에는 더욱 정확한 계획을 세울 수 있게 된다. 작은 실패들은 이처럼 유용한 정보를 담고 있다.

실패를 절대로 있어서는 안 되는 일로 인식하여 피해 가려 하지 않고, 도중에 문제가 발생하면 필요에 따라 계획을 변경하고 수정하는 등 유연하게 대응하는 것이 위기 관리의 기본이다. 이렇게 목표 달성 과정을 시작과 끝이 있는 프로젝트로 설정하고 일정과 위기를 관리해나간다면 끝까지 동기를 유지하면서 꾸준히 실천에 옮기는 일이 더욱 수월해지고 성공 가능성을 크게 높일 수 있다.

| Part 3 |

그래서,
어떻게 하면 될까

completion

50%

Chapter 09

마음에서 우러난 목표,
눈에 보이는
핵심 결과

세 번은 묻고 시작하자

'왜'라는 질문에 진지하게 대답하는 건 힘들고 귀찮은 일이다. 지난한 입시 공부를 소화하는 동안 한 번쯤 그런 의문이 들었을 것이다. '명문대에 진학해서 대기업에 취업하는 게 그렇게 좋은 이유가 뭐지?' 하지만 막상 이 질문을 어른들에게 꺼내보면 보통 뻔한 수준의 대답이 돌아온다. "그렇다면 그런 줄 알아", "어른 말을 들으면 자다가도 떡이 생긴다"처럼 본인도 아마 누군가에게서 들었을 말들. 계속 이런 말을 들으며 사회가 시키는 대로, 주위 사람들이 원하는 대로, 남들이 하는 대로 따라 살다 보면 점차 생각하는 능력을 잃고 내가 왜 이렇게 살고 있는지 그 이유를 찾지 못해 혼란에 빠지게 된다.

'인간은 왜 사는가?' 어려운 질문이다. 수많은 철학자들이 이 질문에 대한 답을 찾기 위해서 머리를 싸맸다. 하지만 꼭 이 질문에 대답이 필요할까? 인류는 자신의 삶에 너무 지나친 의미 부여를 하는 경향이 있다. 어쩌면 인간은 엄청난 사명을 완수하기 위해서 태어난 것이 아니라, 그냥 어쩌다가 태어났기 때문에 죽을 때까지 그 자리에 존재하는 것뿐일 수도 있다. 분명한 건 각자에게 한정된 삶이 주어졌다는 것이다. 그래서 나는 주어진 시간을 되도록 즐겁고 행복하게 쓰고자 한다.

그렇다면 어떻게 살아야 즐겁고 행복하게 살 수 있을까? 나는 좋아하는 일을 찾아 열정을 쏟고 몰두할 수 있는 삶이 가장 충실한 행복감을 느낄 수 있는 삶이라고 생각한다. 맛있는 것을 먹고 여행을 가거나 쇼핑을 해서 돈을 쓰는 식의 일시적인 행복과는 달리, 좋아하는 일에 꾸준히 임하는 보람과 행복은 인생에 걸쳐 복리로 불어난다. 우리가 사명과 목표에 대해 생각해봐야 할 이유이다. 하지만 내가 생각하는 사명은 태어나면서부터 주어지는 운명적인 계시가 아니다. 시간을 들여 나 자신에 대해서 알아가고, 내가 이루고 싶은 것을 깊이 생각해보고 시행

계획이 실패가 되지 않게

착오를 거치면서 스스로 설정하는 것이다.

사명이란 말은 조금 거창하게 들리지만, 내가 인생에서 궁극적으로 이루고 싶은 것이 무엇인지 명확하게 정의해두고 그것을 향해서 나아가는 삶과, 그때그때 되는대로 살아가는 삶은 결과에 큰 차이가 있다. 나의 사명을 찾기 위해서는 끊임없이 '왜?'라는 질문을 던질 줄 알아야 한다. 적어도 세 번은 연달아 '왜?'라고 묻고 그 이유를 찾아내야 내가 정말로 영위하고 싶은 삶의 모습을 발견할 수 있다.

윤바다라는 사람은 돈을 많이 벌고 싶다. 당연한 이야기 같지만 여기서도 '왜?'를 물어야 한다. 왜 돈이 많이 필요한가? 일에서 해방되어 자유로워지고 싶기 때문이다. 왜 굳이 일에서 해방되고 싶은가? 책상 앞 말고 해변에서 서핑을 하며 살고 싶기 때문이다. 왜 해변에서 살고 싶은가? 아름다운 자연을 즐기고 보호할 때 가장 행복감을 느끼기 때문이다. 이런 식으로 원하는 것을 깊이 파고들다 보면 서퍼이자 환경 운동가라는, 윤바다 씨가 궁극적으로 추구하고 싶은 모습을 그려볼 수 있다. 이렇게 큰 그림을 미리 그려둔다면 돈을 많이 벌고 싶다는 단기적인 목표를 추구할 때에도, 언제까지 얼마를 벌어야 하는지, 어떤 방식으로 벌어야 하는지, 이 목표를 달성한 이후에 해야 하는 일은 무엇인지를 명확하게 이해한 상태로 흔들림 없이 나아갈 수 있다.

궁극적인 인생의 사명을 찾지 못한 채 남들이 주식으로 돈을 많이 벌었다고 하니 조급함을 느껴 어떻게든 따라서 돈을 벌려 한다면 그때그때 유행하는 투자법에 휩쓸릴 수 있다. 동창들이 줄줄이 승진한다고 나도 당장 해야겠다 마음먹으면 내가 왜 승진을 하고 싶은지, 정말 하고 싶기는 한지조차 모르는 채 승진 시험에 매진할 수 있다. 나 자신이 이유를 납득하지 못한 채 목표에 임한다면 좋은 결과를 이끌어내기가 쉽지 않다. 어쩌다 목표를 달성했다 하더라도 그다음에는 또 무엇을 해야 할지 몰라 주춤거리게 된다.

"모든 인간은 건강하고 가치 있는 삶을 살아갈 자격을 가졌다." 게이츠 재단의 사명 중 일부이다.[13] 게이츠 재단은 이러한 사명하에서 구체적으로 무엇을 해야 할지 생각하다 보니 질병과 빈곤을 퇴치하자는 목표가 생겼고, 그 목표를 달성하기 위해서 백신을 개발하고 제조하게 된 것이다. 이들 재단의 사명이 "백신을 많이 만들자"가 아니라는 점에 주목하자. '왜'를 묻지 않고 '무엇'에 매몰되는 삶을 경계해야 한다.

5000만이 훌쩍 넘는 조회수를 기록한 사이먼 시넥의 TED 강연 '위대한 리더들이 행동을 이끌어내는 법'을 보면 훌륭한 리더

계획이 실패가 되지 않게

사이먼 시넥의 골든 서클

는 '왜?'를 먼저 생각하며 그에 대한 자신의 신념을 중심으로 소통하고 행동한다는 내용이 나온다. 그는 안에서부터 '왜', '어떻게', '무엇을'이라는 질문으로 이루어진 원을 그려 '골든 서클'이라 칭하고, 어떤 개인이나 조직이 아무리 성공에 필요한 조건을 갖추고 있더라도 가장 바깥쪽에 있는 원인 '무엇을'밖에 생각할 줄 모른다면 타인의 마음을 움직이지 못한다고 말한다. 마틴 루서 킹 목사의 연설이 많은 사람들에게 영감을 줄 수 있었던 것도 "나에게는 꿈이 있습니다"라는 강렬한 한마디로 시작하며 그가 미국 사회를 바꾸어야만 하는 분명한 이유를 제시했기 때문이다. 그 연설이 "나에게는 계획이 있습니다"라는 말로 시작했다면 과연 그토록 많은 이들을 움직일 수 있었을까?[14]

이렇게 우리가 목표를 설정하기 전에 먼저 그것을 달성하고 싶은 이유를 생각하고 내가 살고 싶은 인생의 사명을 명확히 한다면 흔들리지 않는 신념을 가지고 나아갈 수 있다. 내가 원의 바깥쪽에 머무르며 '무엇을?'만을 생각하는 사람이라면 "목표 관리에 대한 책을 썼으니 많이많이 사주세요!"라고 말하겠지만, 나에게는 더 중요한 사명이 있기에 나는 "여러분이 좋아하는 일을 찾아 마음껏 창의성을 발휘하도록 돕고 싶습니다. 그래서 목표를 설정하고 효율적으로 관리하는 방법을 전하는 책을 썼습니다"라고 말할 것이다. 나는 이 책이 독자들의 삶에 긍정적인 변화를 이끌어낼 수 있다고 믿으며 이런 신념은 글쓰기가 버거워도 포기하지 않도록 꾸준히 나를 이끌어주는 힘의 원천이 된다. 누구든 멈춰서 자신의 사명을 생각해봐야 할 이유이다.

사명에서 목표를 발견하려면

사명이라는 큰 그림을 그렸다면 3개월에서부터 1년 이내에 성취하고 싶은 목표에 대해 생각해볼 차례이다. '당연히 다이어트지!' 혹은 '토익 800점' 같은 생각이 5초 만에 떠올랐다면 그다지 좋은 목표가 아닐 가능성이 크다. 많은 사람들이 새해가 되면 깊이 생각할 겨를도 없이 잡히는 대로 목표를 세운다. 그래서 별로 중요하지 않은 목표를 좇기도 하고, 구체적인 실행 계획을 세우기 전에 이미 의욕을 상실하고 만다.

목표를 정할 때에는 그것이 나의 사명과 같은 방향을 향한 것인지, 나에게 영감을 불어넣어 주는지, 또 내가 정말로 원하는 것이며 내가 지금 달성해야 하는 적절하고 중요한 것인지를 시간을 갖고 헤아려보았으면 좋겠다. 이 고민을 할 때 요긴한 방법론이 하나 있다. 사고의 발산과 수렴 과정을 두 번 반복하여 가장 핵심적이고 효과적인 아이디어만 추려내는 것을 돕는 더블 다이아몬드 모델이다.[15]

더블 다이아몬드 모델이란 문제 해결 과정에서 흔히 쓰이는 디자인 사고 방법론이다. 첫 단계인 '발견'은 내가 원하는 것, 개선하고 싶은 점, 이루고 싶은 것을 발산적인 사고를 통해 찾는 과정이다. 이때는 아이디어의 좋고 나쁨이나 실현 가능성, 난이도 등을 가리지 않고 되도록 많은 수의 생각을 모두 적는 것이 중요하다. 발견 과정을 통해 30개의 항목을 생각했다고 해보자.

두 번째 단계는 생각해낸 많은 아이디어 중에서 실제로 중요한 목표를 특정하는 '정의' 단계이다. 발견 단계에서 얻은 아이

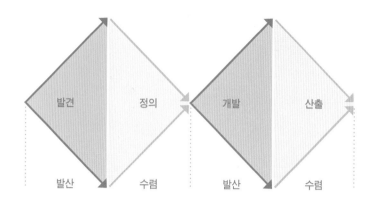

발견	정의	개발	산출
발산	수렴	발산	수렴

더블 다이아몬드 모델

디어에 우선순위를 정한다. 중요한 것은 목표를 어떻게 달성해야 하는지 미리 생각하지 않는 것이다. 발견과 정의 과정에서는 가장 중요한 목표를 찾아내는 데에만 집중한다. 어떤 목표가 어려워 보인다고 해서 지레 겁을 먹고 이른 단계에서 배제하지 않도록 한다.

이 단계에서는 포스트잇을 활용해 아이디어를 시각화하는 것도 좋다. 포스트잇 한 장에 하나의 아이디어를 적어 벽이나 창문에 붙여놓고, 며칠간 생각하는 시간을 가져본다. 그러다 보면 아이디어 간의 공통점이 보일 수도 있고, 그중에서도 정말 중요

계획이 실패가 되지 않게

일찍 일어나기	블로그 쓰기	1000만 원 저축하기
아침 요가	부업 론칭	명상
유산소 운동	스마트폰 보는 시간 줄이기	마린 스포츠 배우기
스트레칭	자격증 취득	업무 평가 A 받기
식단 관리	경제 공부	유튜브 시작하기
규칙적인 식사	투자 수익 10%	환경 관련 자원 봉사
책 읽기	부동산 공부	단편 소설 써보기
독서 토론회 참가	금주	야식 줄이기
이직 활동	연봉 올리기	체중 감량
토익 800점	뜨개질 배우기	청소 잘하기

발견 과정의 예시

하게 느껴지는 아이디어가 떠오를 수도 있다. 포스트잇은 쉽게 붙였다 떼었다 할 수 있기 때문에 비슷한 아이디어를 그룹으로 묶어보거나 중요도순으로 아이디어를 정렬하면서 생각을 정리하기 쉽다. 발견 단계에서 얻은 30개의 아이디어를 6개의 그룹으로 묶어 다시 표를 만들어보았다.

커리어 관리	자산 관리	사회 공헌
이직 활동	1000만 원 저축하기	환경 관련 자원 봉사
토익 800점	경제 공부	
자격증 취득	투자 수익 10%	
업무 평가 A 받기	부동산 공부	
연봉 올리기	부업 론칭	

건강 관리	취미	집안일
일찍 일어나기	뜨개질 배우기	청소 잘하기
아침 요가	수상 스포츠 배우기	
유산소 운동	유튜브 시작하기	
스트레칭	블로그 쓰기	
식단 관리	단편 소설 써보기	
규칙적인 식사	책 읽기	
야식 줄이기	독서 토론회 참가	
체중 감량		
금주		
스마트폰 보는 시간 줄이기		
명상		

정의 과정의 예시

계획이 실패가 되지 않게

정리해보니 건강 관리와 관련된 항목이 많다. 건강 관리를 해야 한다는 것은 상식이지만 우리의 행동은 그와 어긋날 때가 많다. 현대 사회에서 규칙적인 운동 시간을 확보하기가 쉽지 않기도 하고, 기름지고 자극적인 음식을 섭취할 때 순간적인 쾌락을 느끼기 때문이다. 따라서 건강해야 하는 나만의 이유를 분명하게 정하지 않는다면 당위는 습관이나 본능에 쉽게 휘둘려버리게 되어 이상과 현실의 간극은 점점 멀어지게 된다. 건강한 몸과 마음으로 이루고 싶은 것을 구체적으로 상상할 때 비로소 자제력을 발동시킬 수 있고, 이는 곧 생활 습관을 바꿀 동력의 원천이 된다.

나는 왜 건강해지고 싶은가? 하고 싶은 일을 마음껏 하기 위해서? 더 많은 시간을 자유롭게 사용하기 위해서? 운동을 하는 것이 즐겁고 행복하기 때문에? 나만의 '왜'에 대한 답을 찾았다면, 그것이 당신의 목표가 될 수 있다.

> **0** 좋아하는 일에 오래 집중할 수 있는 체력을 기르기 위해서 건강을 관리하자

그 밖에 커리어 관리나 자산 관리, 취미, 사회 공헌 등의 다른

그룹도 살펴본 다음 무엇보다도 가장 먼저 해결해야 하는 중요한 분야를 선택해 총 두세 가지의 목표를 정한다. 예를 들어 이번 분기에는 꼭 이직을 하고 싶다는 강력한 의지가 있고, 경제 공부도 시급하여 다른 일은 잠시 미루어도 된다고 생각한다면 다음과 같은 목표를 수립할 수 있다.

- **0**   더 나은 환경에서 내 능력을 발휘할 수 있는 회사로 이직하자
- **0**   경제적 자유를 더 빨리 달성할 수 있도록 자산 관리를 시작하자

좋은 목표는 당신의 사명과 연계되어 있어 자연스럽게 동기를 자극한다. 그러니 목표는 성공했을 때 뚜렷한 가치를 얻을 수 있고, 실패하더라도 배울 점이 있으며, 야심차지만 현실적이고 성취 가능한 것이어야 한다. 두세 가지로 압축된 중요한 목표는 매일 아침 눈을 떴을 때 당신을 설레게 할 것이고, 항상 도전하는 마음을 갖게 해줄 것이다.

계획이 실패가 되지 않게

효과적인 핵심 결과를 발견하는 방법

목표를 설정했다면 더블 다이아몬드의 세 번째 단계 '개발' 과정을 통해 적합한 핵심 결과를 찾는다. 여기서 말하는 개발은 발견과 정의 단계에서 설정한 목표를 달성하기 위한 효과적인 실현 방법에는 무엇이 있는지 발산적으로 생각해보는 단계이다. '좋아하는 일에 오래 집중할 수 있는 체력을 얻기 위해서 건강을 관리해야겠다'라는 목표를 이루기 위해서는 구체적으로 어떻게 하면 좋을지에 대해 되도록 많은 아이디어를 떠올려본다. 앞의 단계에서 이미 생각해둔 유산소 운동, 스트레칭, 식단 관리도 있을 것이고, 체력 기르기에 초점을 맞춘다면 새롭게 코어 근육 기르기, 근육량 늘리기, 양질의 단백질 섭취하기와 같은 아이디어를 떠올려볼 수도 있다.

핵심 결과를 정할 때 잊지 말아야 할 것은, 핵심 결과는 목표를 달성하기 위한 수단이라는 것이다. 목표를 항상 중심에 두고, 그곳으로 향해 가려면 어떤 길을 택해야 하는지 생각해본다면 적절한 핵심 결과를 찾을 수 있다. 만약 부산에서 서울에 가려면 KTX나 비행기를 타거나 직접 운전하는 방법을 떠올려볼 수 있다. 하지만 알고 보니 내가 들고 있는 티켓이 부산에서 후쿠오카로 가는 페리의 승선표라면, 어떻게든 그걸 쓰려고 들지 말고 서울로 가는 다른 이동 수단을 찾아야 한다. 한번 결정한 핵심 결과라 하더라도 목표나 상황과 맞지 않는다고 판단되면, 꼭 마지막까지 고수하지 말고 새로운 핵심 결과를 모색하자.

핵심 결과를 잘못 설정한다면 부산에서 서울로 가려다가 태평양 한복판으로 표류할 수도 있다. 일본의 규동 전문 체인점인 스키야에서는 '직원 한 사람당 매출액'이라는 지표에 지나치게 집착하는 바람에 직원들에게 감당할 수 있는 범위를 초과한 업무를 맡겼고 이는 결국 집단 퇴사 사태를 초래했다. 미 국방부 장관으로 베트남전을 관장한 로버트 맥나마라는 '적의 전사자 수'를 전쟁의 상황을 측정하는 지표로 설정하는 바람에 많은 미군들이 사망자 수에 포함시킬 적군의 시신을 찾다가 생명을 잃었다.[16] 이처럼 핵심 결과가 순조롭게 목표로 이어지지 못하거나 엉뚱한 결과를 낳는다면 과감하게 교체해야 한다.

처음으로 OKR을 시도하는 사람이라면 어떤 핵심 결과가 좋은 것인지 감이 잡히지 않아 막막할 수도 있다. 그렇다면 어떤 길이 내가 목적지에 가장 효과적으로 도착할 수 있게 해주는지 직접 다녀보고 체험해보고 시행착오를 거쳐본 다음 결론을 내려도 좋다. 개발 단계는 이러한 모색의 과정을 모두 포함한다. 더블 다이아몬드의 마지막 단계, '산출'은 생각해낸 많은 아이디어 중에서 가장 좋은 핵심 결과를 몇 가지 추려내어 거기에 집중하고 결과를 창출하는 실행 단계이다.

나에게 맞는 이정표

핵심 결과는 수치를 포함하며 측정과 검증이 가능해야 한다. 핵심 결과로 삼을 수 있는 지표에는 몇 가지 패턴이 있다. 먼저 습관을 만들고 정착시키는 것이 중요하다면 '매일 야채 먹기', '매주 월요일에 운동하기', '매일 9시에 1시간 동안 공부하기'와 같이 반복되는 실천 과정을 정량화한 핵심 결과를 설정할 수 있다. 또한 창출해야 하는 결과의 양적인 측면에 주목한 '책 10권 읽기', '총 100킬로미터 달리기', '1000만 원 저축하기'와 같은 패턴도 있을 수 있다. 노력의 결과를 성과 지표나 시험 점수 등으로 평가하고 확인하기 위해서는 '토익 800점', '투자 수익 10퍼센트'와 같은 핵심 결과가 효과적이고, 무언가를 시작하거나 시도하는 것 자체에 의미가 있다면 '6월까지 부업 론칭하기', '올해 안에 새로운 업무 방식 도입하기'와 같이 데드라인을 기준으로 핵심 결과를 설정할 수도 있다.

아무리 생각해도 수치로 핵심 결과를 설정하는 것이 어렵게 느껴지는 목표도 있을 수 있다. 독자들이 즐길 수 있는 소설을 쓰겠다는 것이 목표라면 '즐긴다'는 것을 어떻게 정량화할 수 있을 것인가? 또는 자원 봉사를 해서 뿌듯함을 느끼고 싶은 게 동기라면 어떻게 해야 할까? 정성적인 요소를 수치로 평가하기 위해서는 직접 지표를 만들어낼 수도 있다. 만족감이나 뿌듯함을 10점 만점으로 삼아 독자들에게 피드백을 받거나, 나 자신이 직접 점수를 매겨보는 것이다. 이러한 지표는 항상 정확하게 작동하지는 않아도, 여러 번 같은 일을 수행하면서 같은 지표를 사용한다면 변화의 추이를 비교할 수 있다.

이전 단계에서 결정한 건강 관리 목표에 다음과 같은 세 가지 핵심 결과를 설정해보았다.

O 좋아하는 일에 오래 집중할 수 있는 체력을 기르기 위해서 건강을 관리하자

KR1 근육량 3킬로그램 늘리기

KR2 하루 한 끼 신선한 야채와 양질의 단백질 섭취하기

KR3 집중력 지속 시간을 기록해보고 10퍼센트 늘리기

이렇게 설정한 핵심 결과가 잘 와닿지 않는다면 언제든지 바꾸어도 된다. 다시 한번 강조하자면 핵심 결과가 목표가 되어서는 안 된다. 진짜 목표를 늘 기억하고, 달성하는 방법을 찾는 과정에서 더 좋은 핵심 결과가 떠올랐다면 유연하게 바꾸자. 회사에서 정한 OKR이라면 수시로 핵심 결과를 바꾸는 것이 쉽지 않을 수도 있다. 그러나 개인의 삶에 이 도구를 도입하기 위해서는 원칙을 지키는 것보다도 경험을 통해 나에게 가장 맞는 적용법을 찾아나가는 것이 더 중요하다.

기업에서 OKR을 활용할 때는 핵심 결과를 서너 가지 정도 설정하지만, 개인으로서 너무 많은 핵심 결과를 설정하고 관리하는 것이 버겁게 느껴지거나 적은 수의 지표에 집중하는 것이 더욱 효율적이라고 느껴진다면 한두 가지로 시작해보자. 중요한 것은 자신의 스타일에 맞는 가장 효과적인 방법을 찾아내는 것이다. 시도를 거듭하다 보면 내가 목표를 달성하는 데 적절한 핵심 결과의 개수 또한 알게 된다.

시험 점수나 측정에 대한 강박에도 유의하자. 시험이라는 것은 본래 나의 능력을 평가하기 위한 수단이지 목적이 아니다. OKR에서 수치로 측정 가능한 핵심 결과를 세우라고 정한 이유 또한 실행 현황을 손쉽게 파악하기 위해서지, 남과 나를 비교하기 위해서가 아니다. 다른 사람의 근육량이 증가한 정도를 참고해 3킬로그램을 늘린다는 핵심 결과를 세웠지만, 시도해보니 내가 남들보다 근육이 붙지 않는 체질임을 알게 되었다. 다음에 목표치를 현실적으로 하향 조정하면 된다. 이렇게 핵심 결과를 활용하는 과정에서 나에 대해 몰랐던 사실을 배울 수 있다는 것도 OKR의 이점이다.

계획이 실패가 되지 않게

Chapter 10

나를 알게 되는
쪼개기의
기술

실현되는 계획은 무엇이 다를까

목표와 핵심 결과를 정했다면 구체적인 수행 계획을 수립할 차례이다. 실현 가능한 계획을 세우기 위해서는 자신의 능력을 객관적으로 파악해야 하지만, 많은 사람들이 자신의 능력을 과대평가하고 실제보다 더 많은 일을 더 빨리 해치울 수 있다는 착각을 하곤 한다. 계획 수립 단계에서는 이러한 착각에서 벗어나 최대한 현실에 가까운 견적을 작성하는 것이 가장 중요하다.

매일처럼 요리를 하는 이들은 장을 보고, 식재료를 다듬고, 조리하고 정리하는 데 얼마만큼의 시간이 걸리는지 대체로 정확하게 파악하고 있어 매번 끼니 시간에 맞춰 식사를 준비할 수 있다. 반면에 요리를 취미 삼아 아주 가끔밖에 하지 않는 사람들은 요리에 걸리는 시간의 견적을 지나치게 짧게 잡곤 한다. 그래서 저녁 식사를 대접하겠다고 해놓고 시간을 관리하지 않은 채 이것저것 되는대로 다듬고 지지고 볶다 보니 밤이 깊어져, 기다리는 사람을 허기지게 하는 일이 생긴다.

처음 하는 일이거나 어쩌다 하는 일을 본격적으로 시도할 때 얼마만큼의 시간과 노력이 필요한지 감이 잡히지 않을 때가 있다. 그럴 때는 예상한 시간에 반드시 여유분을 더하자. 영어로 된 책을 1권 읽는데 잘은 모르지만 아무래도 10시간이면 될 것 같다? 그렇다면 15시간으로 설정해두는 것이 좋다. 영어 책을 3권, 5권, 10권 완독하고 매번 걸린 시간을 기록하여 참고한다면 언젠가는 내가 영어로 된 책을 읽는 속도를 정확하게 예측할 수 있게 된다. 꾸준함과 반복, 측정이 중요한 이유는 시도한 횟수가 늘어날수록 나의 능력에 대해 더욱 잘 알게 되고, 높은 성공 확률과 자신감을 얻을 수 있기 때문이다.

사람들은 자신의 능력을 과대평가하는 만큼이나 자신이 사용할 수 있는 시간도 많다고 착각한다. 하지만 현실적으로 생각해보면 평범한 직장인이 자신만을 위해 온전히 사용할 수 있는

계획이 실패가 되지 않게

시간은 평일이라면 두세 시간을 넘을 수 없다. 주말도 마찬가지이다. 금요일 밤, 이틀이라는 시간은 무한하게 느껴지지만 늦잠을 자고 일어나서 조금만 빈둥빈둥하다 보면 어느새 일요일 밤이 되어 있다. 평일에 퇴근 후 바로 공부를 시작해 새벽 2시까지 집중하겠다는 식의 무모한 계획은 덮어두고, 내가 무리 없이 집중할 수 있는 시간이 얼마나 되는지 생각해보자. 나의 경우에는 평일 2시간, 토요일 4시간만 잘 활용해도 웬만한 목표는 달성해나갈 수 있었다.

아무리 생각해도 도저히 바빠서 시간이 나질 않는다면 내가 시간을 어떻게 쓰고 있는지 실태를 파악하기 위해서 기록을 해보길 추천한다. 어쩌면 트위터 피드를 새로고침 하는 데에 하루의 대부분을 쓰고 있을 수도 있고, 팟캐스트를 듣고 유튜브를 보느라 여유 시간을 죄다 흘려보내고 있을지도 모른다. 돈을 절약하려면 가계부를 써야 하는 것처럼, 시간을 찾아내고 싶다면 먼저 나의 시간 사용법을 기록하고 분석해, 줄여도 되는 활동을 찾아내서 여유 시간을 만들어내면 된다. 스마트폰을 하루 4시간 보고 있다면 30분으로 줄이고 남은 시간은 능동적으로 사용한다면 어지간한 목표를 이룰 수 있다.

나의 능력과 시간의 제약에 대해서 현실적인 분석을 마치고 정기적으로 사용할 수 있는 시간을 확보했다면 해야 할 일을 모두 나열해본다. 이직이라는 목표에 대해서 다음과 같은 핵심 결과를 설정할 수 있겠다.

O 더 나은 환경에서 내 능력을 발휘할 수 있는 회사로 이직하자

KR1 포트폴리오와 이력서를 재정비하기

매사에 계획을 세워서 실행하는 습관이 몸에 배지 않은 사람이라면, 포트폴리오를 재정비하고 이력서를 다시 쓰는 것 정도는 하루 정도 마음을 다잡고 집중하면 될 것이라고 생각하는 경향이 있다. 그래서 오늘 하지 못했다면 내일 하지 뭐, 이런 생각으로 언제까지나 일을 미룬다. 하지만 계획적인 행동의 중요성을 이해하고 있는 사람이라면, 언뜻 보면 단순해 보이는 '포트폴리오와 이력서를 재정비하기'라는 작업을 가능한 한 잘게 쪼개는 것부터 시작할 것이다.

목표의 실체를 알아내는 쪼개기의 기술

아주대학교 심리학과 김경일 교수는 〈세바시〉 강연에서 말했다. "하려던 거 잘하고 있어?"라는 질문에 대해, 계획을 세우지 않은 사람은 "했어" 또는 "못 했어"라고 대답하고, 계획을 세운 사람은 "65퍼센트 했어"와 같은 대답을 한다고. 전자는 목표만 있고 계획이 없는 반면, 후자는 20단계의 계획을 세웠으며 그중 13개를 완수했다는 인식이 있다.[17] 여기에 아주 중요한 통찰이 있다. 마음만 먹으면 언제든지 끝마칠 수 있다고 여기고 있는 그 일은 생각보다도 훨씬 복잡하고 시간이 오래 걸리는 일인 경우가 많다. 그러한 일 덩어리를 분해하여 몇 시간 안에 끝낼 수 있는 과제, 즉 '태스크task' 단위로 쪼개놓지 않으면 실제로 언제 그 일을 전부 마칠 수 있는지에 대해 정확한 견적을 내기 어렵다.

그래서 '포트폴리오와 이력서를 재정비하기'라는 핵심 결과를 설정했다면 해야 할 일을 태스크 단위로 잘게 쪼개고, 각각의 태스크에 걸리는 시간을 예상해 표로 나열하는 것이 계획 수립의 첫 단계이다.

이렇게 할 일이 명확해졌다면 내가 집중해서 사용할 수 있는 시간을 고려해 이 일을 마치는 데 얼마나 걸릴지 예측한 다음 거

태스크	시간
이력서 템플릿 정하기	2h
이력을 텍스트로 작성하기	10h
텍스트를 템플릿에 적용하기	2h
철자 확인 등 최종 점검	2h
도합	16h

이력서 업데이트하기

기에 맞춰 계획을 세운다. 포트폴리오 재정비에는 38시간이 걸릴 예정이고, 이력서 업데이트에는 16시간이 걸릴 예정이니 총 54시간이 필요하다. 이를 사용할 수 있는 시간으로 나누어보면 데드라인을 언제로 설정해야 하는지 감을 잡을 수 있다. 예를 들어 월요일부터 토요일까지 일주일에 6번, 하루에 2시간씩 쓸 수 있다면, 54 나누기 12는 4.5주일이라는 계산이 나오므로 여유 시간을 포함하여 6주 정도의 플랜을 세워볼 수 있다.

계획이 실패가 되지 않게

태스크	시간
어떤 호스팅 서비스를 이용할 것인지 비교 결정하기	2h
콘텐츠 구상: 내용을 게재할 것인지 결정하기	4h
다른 훌륭한 포트폴리오의 사례를 알아보기	2h
어떤 템플릿을 사용할 것인지 결정하기	2h
포트폴리오에 게재할 작업물을 가공하기	4h
사이트 설계: 사이트 디자인, 메뉴와 내비게이션 구조 정하기	4h
콘텐츠 라이팅: 게재할 내용을 쓰기	16h (2h x 8개)
콘텐츠 업로드: 작업물과 글을 모두 사이트에 올리기	2h
최종 점검: 동작 확인, 철자 확인 등	2h
도합	38h

포트폴리오 재정비하기

일의 시작과 끝이 보이는 간트 차트

6주 정도에 끝마칠 수 있는 일이라는 계산이 나왔다면, 이제
는 그 6주라는 틀 안에 각각의 태스크를 짜 넣을 차례이다. 이 단

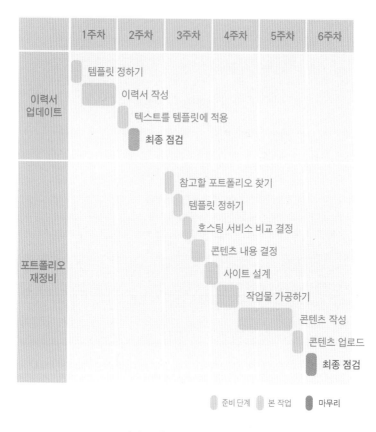

	1주차	2주차	3주차	4주차	5주차	6주차
이력서 업데이트	템플릿 정하기					
	이력서 작성					
	텍스트를 템플릿에 적용					
	최종 점검					
포트폴리오 재정비			참고할 포트폴리오 찾기			
			템플릿 정하기			
			호스팅 서비스 비교 결정			
			콘텐츠 내용 결정			
			사이트 설계			
				작업물 가공하기		
					콘텐츠 작성	
					콘텐츠 업로드	
						최종 점검

준비 단계 　 본 작업 　 마무리

이직 준비를 위한 간트 차트

계에서는 일의 전후 순서를 고려해 빨리 끝내야 하는 일부터 나중에 해야 하는 일 순서로 태스크를 배치한다. 예를 들면 이력서를 먼저 업데이트한 뒤 이력서에 강조해둔 주요 작업 내용을 참

계획이 실패가 되지 않게

조하여 포트폴리오에는 나중에 채워넣는다는 계획을 세울 수 있다. 또 게재할 콘텐츠가 갖춰지지 않으면 업로드 작업은 불가능하므로, 필연적으로 콘텐츠 작성이나 작업물 가공과 같은 태스크는 콘텐츠 업로드 태스크에 선행해야 한다. 이런 선후 관계와 의존 관계를 잘 생각해본 후, 모든 태스크의 시작과 끝을 캘린더에 표시해 전체 일정을 한눈에 파악할 수 있도록 한다. 이를 간트 차트Gantt chart라 한다.

간트 차트는 직접 손으로 그려도 되고 파워포인트나 엑셀, 혹은 그래픽 소프트웨어를 이용해서 작성해도 된다. 노션이나 에어테이블과 같은 생산성 앱에서도 간단한 타임라인 뷰를 지원하고 있으며 조금 더 본격적인 간트 차트를 그려보려면 프로젝트 관리를 지원하는 먼데이Monday, 라이크Wrike, 지라Jira와 같은 서비스를 사용할 수 있다. 무슨 툴을 사용하든 상관없으니 자신이 쓰고 싶은 기능을 지원하며 간트 차트 작성과 관리가 쉬운 서비스를 선택하면 된다.

간트 차트의 장점은 해야 할 모든 일을 한눈에 볼 수 있다는 것이다. 지금 이 태스크를 끝마치면 다음에는 무슨 일을 해야 하는지, 각각의 태스크는 얼마나 시간이 걸릴 예정인지, 현재 이 프로젝트가 계획대로 순조롭게 진행되고 있는지, 아니면 다소 늦어지고 있는지 등의 다양한 정보를 직관적으로 파악할 수 있다. 이직 준비 프로젝트 또한 간트 차트로 정리하니 할 일과 향후 일정이 명확해졌다. 하루에 2시간씩 일주일에 12시간을 투자하여 총 6주면 이력서를 업데이트하고 포트폴리오를 재정비할 수 있으며, 그 과정에서 구체적으로 해야 할 일은 무엇이고 그 순서는 어떻게 되는지 일목요연하게 보인다.

습관을 정착시키는 계획 시트

'포트폴리오와 이력서 재정비'와 같이 임무의 완성을 목적으로 하는 핵심 결과와는 달리, 습관의 정착을 목적으로 하는 '매일 야채 먹기', '매일 30분씩 산책하기' 등은 굳이 간트 차트를 그리지 않아도 된다. 하지만 매일 언제 어떻게 행동하여 이 핵심 결과를 달성할 것인지 미리 머릿속에 그려둘 필요는 있다. 매일 30분씩 산책하기로 다짐했다면, 몇 시에 집을 나가 어떤 속도로 어떤 코스를 걷고 돌아올 것인지에 대해서 짧게라도 좋으니 미리 실행 계획을 적어두자. 가능한 한 하루 단위로 할 일을 쪼개두어야 실천을 시작하는 첫날 무엇부터 해야 할지 몰라 우왕좌왕하는 일을 방지할 수 있다.

계획이 실패가 되지 않게

성과의 총량을 미리 설정한 '100킬로미터 달리기', '글 14만 자 쓰기'와 같은 핵심 결과도 마찬가지이다. 예를 들어 한 달 동안 총 100킬로미터를 달릴 예정이라면 첫날부터 열심히 20킬로미터를 뛸 것인지, 아니면 매일 3~4킬로미터를 달릴 것인지 생각해두자. 그리고 달리는 시간에 더해 스트레칭을 하고, 샤워를 하고, 또 땀에 젖은 옷을 세탁하는 등의 부가적인 태스크도 미리 시간의 견적 안에 포함시킨다. 글 14만 자를 쓰려고 해도 바로 워드 프로세서를 켜고 첫 글자부터 써 내려갈 수 있는 사람은 드물다. 앞서서 기획안을 쓰거나 자료를 수집하고 목차를 쓰는 등의 태스크도 추가로 필요하므로, 기계적으로 14만 자라는 성과의 총량을 기간으로 나눠 견적을 내는 실수를 하지 말자. 단순해 보이는 목표도 도달하기까지의 과정은 늘 예상보다 복잡하다.

하루 단위로 할 일을 쪼개놓았다면 계획 시트까지 작성해보자. 달성 가능성이 더욱 높아진다. 한 달 동안 100킬로미터를 달리기 위해 주 5회 4~5킬로미터씩 달린다는 계획을 세웠다면 다음과 같은 표를 작성해 언제 얼마나 달려서 총 100킬로미터라는 거리를 달성할 것인지 한눈에 알 수 있게 한다. 그런 다음 실천 단계에서 실제로 달린 날의 칸에 선명하게 동그라미를 치고,

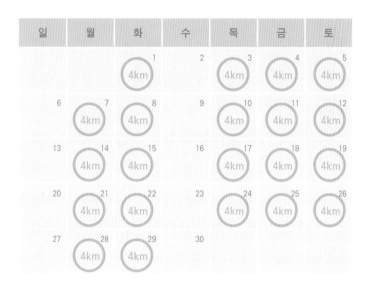

달리기 계획 시트

달린 거리를 기록하며 이 시트를 활용한다. 매일매일 내 눈으로 볼 수 있는 성과가 쌓이며 자연스럽게 동기를 지속할 수 있게 해준다.

의지력을
최소화하는
도구들

실천의 리듬에 몸을 맡기다

매일의 해야 할 일이 명확하게 보이고, 간트 차트나 계획 시트도 준비되었다면 이제는 생각을 줄이고 습관을 정착시킬 단계이다. 처음 실천을 시작하는 며칠간은 멈춰 있는 뺑뺑이를 돌리듯 버겁고 힘들지만, 포기하지 않고 밀다 보면 금세 씽씽 돌아가는 뺑뺑이 위에서 속도감을 즐길 수 있게 된다. 이렇게 복잡하게 생각하거나 이것저것 재지 않고도 매일의 해야 할 일을 자동적으로 끝마칠 수 있도록 루틴을 짜고 그 흐름에 몸을 맡기는 것이 성공적인 실천의 열쇠다.[18]

머리가 아닌 몸이 해야 할 일을 기억하게 하는 방법은 실천의 리듬을 만드는 것이다. 매일 같은 시간에 같은 일을 반복하거나 매주 같은 리듬으로 일을 처리하는 것은 루틴을 형성하는 데에 큰 도움이 된다.

한때 김연아 선수의 한마디가 화제가 됐다. 준비 운동을 하는 그에게 "무슨 생각을 하면서 하세요?"라고 묻자 돌아온 덤덤한 대답이 사람들의 허를 찌른 것이다. "무슨 생각을 해… 그냥 하는 거지." 세계 챔피언인 김연아 선수라면 뭔가 대단한 투지를 불태우며 훈련에 임하고 있을 거라고 생각했는데 알고 보니 '그냥' 하고 있는 거였다니. 허무하게 느껴질 수도 있지만 이 대답은 우리에게 진실을 보여준다. 성공한 사람들의 인터뷰를 들어보면, 많은 이들이 아침에 일어나자마자 운동을 하거나 뉴스를 읽으며 아침을 먹는다고 말한다. 이들은 규칙적이고도 자동적으로 수행하는 일과의 중요성을 잘 이해하고 있어 반복의 원리를 자신의 일상에서 활용할 줄 아는 사람들이다. 무슨 생각을 하지 않아도 매일 스트레칭을 하는 김연아 선수처럼 말이다.

크리스티나 워드케는 OKR을 실행할 때도 '일주일 리듬'을 만들어보라고 말한다.[19] 월요일은 점검하고 전념하는 날이다. 즉, 지금까지의 진척 상황을 살피고 이번 주에 해야 할 일이 무엇인지 파악하며 새로운 마음을 다지는 것이다. 금요일에는 일주일간의 성과를 돌아보고 축하하는 시간을 갖는다. 팀에 OKR을 도입했다면 서로가 일주일간 해낸 일을 공유하기도 한다. 개인 프로젝트에도 한 주의 끝에 내가 한 일을 돌아보며 뿌듯해하는 시간을 넣어주면 새로이 의지를 다질 수 있다.

이런 일주일 리듬의 장점은 프로젝트를 진행하는 데 꼭 필요한 현황 점검이나 동기 부여와 같은 활동을 루틴 안에 짜 넣어, 장기간에 걸쳐 지치거나 의욕을 잃지 않고 꾸준히 같은 리듬으로 일을 반복해나갈 수 있게 한다는 점이다. 나도 이 책을 쓰면서 매주 월요일에는 그 주에 어떤 내용의 글을 얼마만큼 써야 하는지 생각했고, 토요일에는 카페에 가서 글을 쓴 후 맛있는 커피를 마시며 한 주를 마무리했다. 이렇게 일주일에 약 8000자 전후의 글을 썼다. 매주 같은 리듬으로 같은 일을 반복하다 보니 산출해내는 작업물의 분량의 오차가 아주 적었다. 공휴일이 낀 주에는 1만 자가 넘는 글을 쓰기도 하고, 본업이 바빴거나 몸이 좋지 않았던 날이 끼어 있는 주에도 적어도 6000~7000자 이상은 꼬박꼬박 써낼 수 있었다.

의지력이 없어도 되는 상황

이렇게 같은 시간 같은 리듬으로 해야 할 일을 반복하기 위해서는 강한 의지력을 발동시키기보다는 그 일을 할 수밖에 없는 상황을 조성하는 것이 더 효과적이다. 예를 들어 집에서는 아무리 강한 의지력을 발휘해서 공부를 하려 해도 어느새 침대에 누워 뒹굴거리면서 스마트폰을 보게 된다. 그러다 보면 금세 시간이 지나버리기 마련이다. 카페나 독서실이 공부가 더 잘되는 이유는 게으름을 피우기 힘든 환경이 조성되어 있기 때문이기도 하지만, 집을 나와 카페나 독서실로 향하는 행동과 공부를 하는 행동이 하나의 습관으로 묶여 자동적으로 '공부'라는 행동을 실행하기 쉽게 만들어주기 때문이다. 이렇게 내가 해야 할 일을 가장 자연스럽게 처리할 수 있는 환경에 나를 데려다두고, 앞뒤의 행동을 모두 묶어 일련의 습관으로 정착시켜버리면 일을 시작할 때마다 의지력을 소모하지 않아도 된다.

집중하겠다고 아무리 강하게 마음을 먹어도, 시야에 스마트폰이 들어오면 자꾸만 이유 없이 스크린을 쳐다보게 되고, 딴짓거리가 있으면 자기도 모르게 손이 가는 것이 인간의 심리이다. 청소를 해야겠다고 결심한 뒤 시작했는데 서랍 구석에서 찾아낸 만화책이나 졸업 앨범에 빠져들어 시간을 다 보내게 되듯 말이다. 사람은 스마트폰이나 만화책, 졸업 앨범이 눈에 들어오면 심리적인 자극을 받는다. 그래서 집중을 하려면 스마트폰을 보지 않겠다고 다짐하기보다는 눈에 안 보이는 곳에 치워놓는 것이 훨씬 더 효과적이다. 작은 가방에 넣어두고 자물쇠를 잠그는 등, 스마트폰을 보는 것을 귀찮게 만드는 환경을 설계해두면 습관적으로 손을 뻗어 SNS를 보면서 시간을 허비하는 일을 크게 줄일 수 있다.

일을 시작할 때 신호를 주는 것도 좋다. 매일 같은 시간에 알람을 맞추거나 음악이나 영상이 흐르도록 설정하면 몸이 그 신호를 받아들여 습관처럼 굳어진 일과를 자동적으로 수행하기가 더욱 쉬워진다. 차나 커피를 끓이거나, 향을 피우는 등 후각을 자극하는 것도 좋은 신호가 된다.

시각화로 스스로 보상하기

매일 혹은 매주의 해야 할 일을 마쳤다면 발전 과정과 실행한 내용을 기록하고 시각화하는 것 또한 동기 부여에 큰 도움이 된다. 앞에서 예로 든 '한 달 내에 100킬로미터 달리기'의 경우, 준비한 계획 시트의 내용은 일주일에 5번, 하루에 4킬로미터씩 달리는 것이지만 이를 수행하다 보면 실제로 달린 거리가 계획과 다를 수 있다. 이렇게 실천 단계에서 실제로 언제 얼마나 달렸는지를 기록하고 프로그레스 바로 진척을 확인할 수 있게 만들면 나의 현재 위치가 어디인지 파악하기 쉽기도 하거니와, 프로그레스 바를 빨리 쭉쭉 늘려 100퍼센트에 가까이 가고 싶다는 마음도 생겨나게 된다.

해야 할 일을 끝마친 후에 나 자신에게 주는 시각적인 보상은 마치 게임에서 몬스터와 싸워 이기거나 퀘스트를 클리어하여 레벨 업을 달성하는 것과 같은 쾌감이 있다. 메릴랜드대학교의 심리학과 교수 에드윈 로크가 주창한 목표 설정 이론goal-setting theory에 의하면 개인이 의식적으로 설정한 목표는 행동과 동기에 영향을 미쳐 더 나은 성과를 내는 데 기여한다고 한다. 스스로 야심찬 목표와 핵심 결과를 설정하고 도전한 실천 내용을 기록하여 매일의 진척 상황을 시각적으로 확인할 수 있다면, 자연스레 재미와 성취감을 느낄 수 있으며 다음 날에도 같은 일을 반복하며 '레벨 업'을 꾀하고 싶다는 동기가 생기게 된다.

실천 과정에서 무엇보다도 중요한 것은 나 자신이 이 모든 과정을 즐길 수 있어야 한다는 것이다. 싫은 일을 억지로 꾸역꾸역 해야 한다면 습관을 만드는 일도, 스스로 동기 부여를 하는 일도 쉽지 않다. 유명한 스타트업 컨설턴트 조던 밀른은 이렇게 말했다. "즐거운 마음으로 일할 때 성공할 확률은 반반이지만 싫은 일을 억지로 하는 사람이 성공할 확률은 전혀 없다."[20] 해야 할 일을 반복하고 습관으로 만들어 정착시키는 과정에서 즐거움을 느끼지 못한다면 다시 목표와 핵심 결과를 설정하는 단계로 돌아가자. 이것이 내가 진정으로 원하는 일인지, 그리고 내가 하고 싶은 일이 맞는지 재고할 때이다.

Chapter 12

길을
잃지 않게 하는
중간 점검

힘들여 산으로 가지 않으려면

실행의 리듬을 만들고 집중이 잘되는 환경을 조성하여 해야 할 일을 습관화하는 데 성공했다면, 이제 점검할 단계다. 규칙적으로 진행 현황을 확인해 프로젝트가 순조롭게 진행되고 있는지를 점검하는 것은 물론, 필요에 따라 계획을 변경하거나 일어날 수 있는 리스크에 대비하면 프로젝트는 점점 더 확고하게 성공에 가까워진다.

현황을 점검할 때는 미리 세워둔 계획과 실제로 해낸 일 간에 얼마나 차이가 벌어졌는지를 파악한다. 일이 예정보다 늦어지고 있다고 자책하거나 우울해할 필요는 없다. 왜 계획대로 수행하지 못했는지 생각해보기 위한 점검이다. 계획이 너무나 야심 찼던 것인지, 생각지 못했던 일들이 일어나 시간을 확보하지 못한 것인지, 집중이 잘되지 않았던 것인지, 만약 그랬다면 그 이유를 알아야 개선책을 세울 수 있다.

달성하기가 지나치게 쉬운 계획을 수립하여 과잉 성취가 이어진다면 이 또한 재고해야 한다. 목표와 계획은 어느 정도 난도가 있을 때 변화를 부르고 그만큼 집중하고 싶은 동기가 부여되기 마련이다. 우리가 굳이 야심을 가지라고 외치는 OKR을 삶에 도입하려는 건 분명히 지금 이상의 무언가를 지향하고 있기 때문일 것이다. 조금 어렵지만 성취 가능한 계획을 세우고 도전해보자.

계획 수립 단계에서 작성한 간트 차트나 계획 시트는 절대불변의 성서가 아니다. 언제든지 상황을 돌아본 후 변경이 필요하다고 판단했다면 유연하게 바꿔야 한다. 아마존 창립자 제프 베조스가 말했다. "사업계획서란 현실과의 첫 만남에서 휴지 조각이 되고 맙니다. 하지만 계획을 세우는 훈련 자체를 통해 문제에 대해 충분히 생각하고 그 과정에서 일종의 정신적인 안정감을 얻습니다."[21] 베조스에게조차 계획은 좀처럼 그대로 따를 수 없지만 그 자체로 의미 있는 것이다. 계획 변경을 실패로 받아들이게 되면 쓸데없이 감정을 소모하게 되어 다음 단계로 나아갈 동력을 잃는다. 예측하기보다는 대응하겠다는 자세로 현재 나의 위치에 맞춰, 미세하게 계획을 수정해나가면 된다.

회사 밖에서 개인이나 팀이 프로젝트를 수행할 때 기업에서나 일어날 수 있는 각종 위기와 위험을 속속들이 분석하고 관리할 필요는 없다. 하지만 회사 밖에서도 언제나 돌발 상황은 일어난다. 나는 이 책을 완성하기 위해서 매일 1000자씩 글을 쓰겠다는 계획을 세웠고 대체로 무리 없이 수행하긴 했지만 일주일에 한 번꼴로 머리가 아프거나 피곤해서 글이 써지지 않았다. 그래서 결국 일주일에 두 번씩 글쓰기를 쉬는 것으로 계획을 변경했고, 대신 하루에 1400자 정도 글을 쓰는 것으로 산출물의 분량을 유지하기로 했다.

프로젝트는 항상 불확실성을 안고 있다. 예상하지 못한 일은 언제든지 일어날 수 있다. 돌발 상황이나 외부 환경의 변화 등의 이벤트가 프로젝트에 미치는 영향을 최소화할 수 있는 방법이 없을지 생각하며 계획을 수정하면 실현 가능성이 올라간다.

나의 현황을 알 수 있는 네 가지 질문

11장에서 크리스티나 워드케가 제안한 '일주일 리듬'을 소개했다. 월요일에는 프로젝트의 현황을 점검하고, 금요일에는 그간 이룬 것을 축하하는 방식이었다. 점검을 위해 월요일에 할 일은 크게 네 가지가 있다. 첫 번째는 목표를 다시 새기고 핵심 결과의 달성률을 확인하며 '자신감 점수'를 매기는 일이다.[22]

자신감 점수는 내 느낌을 토대로 매기는 것이다. 핵심 결과를 달성할 것이라고 믿어 의심치 않으면 10점, 절대 달성할 수 없다고 생각하면 0점이 되는데, 보통은 이 점수가 5에서 8 정도를 왔다 갔다 하게 된다. 자신감 점수가 지난주에 비해서 낮아졌다면 자신감을 잃어버린 이유는 무엇인지, 어떻게 해야 그 문제를 해결할 수 있는지 생각해본다. 다음과 같이 3개월 동안 자산 관리를 시작하는 프로젝트를 설정했다고 가정해보자.

O 자산 관리를 시작하자

KR1 경제와 금융에 대한 책 15권 읽기

KR2 매달 수입의 40퍼센트를 저축하기

KR3 주식 투자를 시작해서 수익률 3퍼센트 내기

1개월이 지나 돌아보니 책은 4권 읽었고, 수입의 30퍼센트는 저축했고, 주식 시장이 생각보다 좋지 않아 수익률은 마이너스 3퍼센트를 기록하고 있다면, 각각의 핵심 결과에 대해 자신감 점수를 매기고 그 이유를 적어보는 것이다.

두 번째로 앞으로 4주간 할 일을 생각해본다. 3개월에 대한 간트 차트나 계획 시트를 이미 준비했다면 어려울 것 없다. 앞에서 예로 든 자산 관리 프로젝트의 경우 앞으로 4주간 어떤 책을 선정해 얼마나 읽을 것인지, 저축을 더 하려면 어떻게 소비를 줄일 것인지, 또 수익을 내려면 어떤 투자를 할 것인지 다각도로

KR	분석	점수
경제·금융에 대한 책 15권 읽기	이번 달 4권을 완독했고, 남은 기간 속도를 내면 가능	8/10
매달 수입의 40%를 저축하기	이번 달 30% 저축했고, 남은 기간 매월 45% 저축할 것	7/10
주식 투자로 수익률 3% 내기	현재 수익률 -3% 우량주 중심으로 분산 투자했으나 장 하락으로 결과를 예측하기 힘듦	3/10

자산 관리 프로젝트의 자신감 점수

계획이 실패가 되지 않게

고민해보면 된다.

두 번째 단계에서 찾은 할 일을 나열하고, 그중에서도 더 우선하는 태스크 순으로 배열해보는 것이 세 번째 단계이다. 이번 주에 꼭 해야 하는 일로 경제 서적 한 권 완독하기, 지난달 가계부를 정리하고 개선점을 찾아내기, 투자 중인 기업의 실적을 읽고 분석하기와 같은 태스크가 있을 수 있다. 그중에서도 가장 우선하는 일에는 'priority(우선 사항)'의 앞글자를 따 P1이라 표시하고, 그 정도가 낮아질수록 P2, P3⋯으로 표시한다.

마지막 단계는 프로젝트의 건전성과 나의 건강 상태를 확인하는 것이다. 프로젝트가 생각만큼 순조롭게 진행되고 있는지 점검해보고 진척이 지나치게 더디거나 의도한 것과 결과가 다르다면 그 이유를 분석하고 대책을 고민한다. 건강 상태도 중요하다. 왜인지 몰라도 자꾸만 우울한 기분이 든다면 그 이유는 무엇인지, 대책으로는 쉬는 것이 좋을지 아니면 산책을 하면 될지, 그도 아니라면 병원에 가야 하는지 시간을 들여 짚어보자. 분명히 무슨 문제가 있다는 것을 인식했음에도 방치하고 억지로 앞으로 나아간다면 나중에 그 대가를 치르게 된다.

앞에서 점검한 것을 모두 종합하여, 한눈에 일주일간의 상황을 파악할 수 있도록 다음과 같이 기록하고 정리하자.

이번 주에 우선적으로 해야 하는 일	OKR과 자신감 점수
· P1 지난달 가계부를 정리하고 개선할 것들 찾기 · P2 투자 중인 기업의 실적 보고서를 읽고 분석하기 · P3 경제 서적 1권 완독하기	· O 자산 관리를 시작하자 · KR1 경제·금융에 대한 책 15권 읽기 → 8/10 · KR2 매달 수입의 40%를 저축하기 → 7/10 · KR3 주식 투자로 수익률 3% 내기 → 3/10
다음 4주간 해야 하는 일	건전성과 건강 상태
· 앞으로 읽어야 할 책 목록 선정 · 책 5권 완독하기 · 소비를 줄이기 위한 전략 수립 · 투자 공부	· 주식 투자 수익률이 좋지 않아 불안함 · 건강은 양호한 편

자산 관리 프로젝트를 위한 일주일 상황 표

금요일 혹은 한 주의 끝에는 잠깐이라도 시간을 내서 일주일 간의 성과를 돌아보며 뿌듯함을 느끼는 시간을 갖는다. 이때는 어떤 성과를 거뒀는지에 집착하지 않고 스스로를 격려하는 시간이다. SNS에 한 일을 공유해서 '좋아요' 클릭을 받거나 친구나 가족에게 칭찬을 받는 것도 좋은 방법이다. 한 주 동안 수고

한 내게 주는 보상으로 너무나 먹고 싶었지만 건강 때문에 참았던 맛있는 커피와 케이크를 즐겨도 좋다. 이렇게 자신을 소중하고 기특하게 여기는 마음으로 성취감을 만끽하면서, 다음 주에도 다시 힘을 내서 도전을 지속할 수 있도록 긍정적인 에너지를 축적해둔다.

Chapter 13

실패를
자원으로 만드는
회고와 학습

감당할 수 있는 실패

톰 크루즈와 에밀리 블런트가 주연한 영화 〈엣지 오브 투모로우〉를 보면 군인인 주인공은 외계 생명체와의 전투 중에 몇 번이나 전사하지만 죽고 나면 과거로 다시 돌아가는 능력을 갖게 된다. 과거로 돌아오고 나면 지난번의 생에서 배운 내용을 바탕으로 매번 다르게 생각하고 행동하여, 수없이 살해당하면서도 매번 진보한 모습으로 적의 핵심 컨트롤 센터를 찾아 파괴하는 궁극적인 미션에 반복적으로 임한다. 마치 게임의 세계관과 비슷하다. 〈슈퍼 마리오〉를 하다가 발을 잘못 디뎌 물에 빠져 죽더라도 게임은 끝이 아니다. 마리오는 다시 살아 돌아오고 이번에는 지난번에 발을 잘못 디딘 곳을 기억하며 다시 도전할 수 있다. 이것이 학습의 기본적인 원리이다. 톰 크루즈처럼 시간을 뒤로 감을 수는 없지만, 지금의 실패에서 배운 것을 미래에 활용하는 것은 누구에게나 가능한 일이다.

우리는 남들의 성공 사례를 보며 그들이 이렇다 할 큰 실패 없이 성공 가도를 전력으로 질주했으리라고 생각하고, "저 사람은 천재라서", "원래 대단한 사람이라서", "금수저로 태어나서 저게 가능한 거야"라고 선을 긋는다. 하지만 성공한 사람이나 기업이 항상 축복받은 환경에서 출발한 것은 아니다. 그 뒤에는 수많은 실패가 있었다. 마리오가 한 번도 실수하지 않고 엔딩까지 질주하는 유튜브 영상을 보면 쾌감을 느끼지만, 그 플레이어는 영상을 찍고 올리기까지 수없이 괴물에게 당하고 용암에 빠지며 그때마다 무언가를 배웠을 것이다.

한국의 수저계급론은 일리가 있다고 생각한다. 금수저로 태어난 사람은 몇 번씩이나 사업에 실패해도 다시 창업을 할 수 있는 든든한 배경이 있고, 그만큼 마음껏 실패를 할 수 있기 때문에 성공도 거머쥐기 쉽다. 그러나 흙수저로 태어난 사람은 한 번만 실패해도 회복 불가능한 타격을 입는다. 그렇기에 가진 것이 없는 사람일수록 더욱더 자신의 상황을 객관적으로 인식하고 자원을 관리하여, '감당할 수 있는 작은 실패'를 많이 경험하는 것이 현실적인 전략이라고 생각한다. 좋은 사업 아이템이 떠올랐다면 단번에 가족 친지의 돈을 모두 끌어모아 창업을 하기보다는, 그 아이템이 정말로 실현 가능하며 수익을 창출할 수 있는지를 작은 규모로 먼저 테스트해보는 것이다.

이렇게 최소한의 요구 사항을 만족한 작은 규모의 제품을 IT 업계에서는 MVP minimum viable product(최소 기능 제품)라고 부른다. 본격적으로 예산을 할애해 거대한 개발 프로젝트를 론칭하기보다는 먼저 최소한의 기능만을 구현한 MVP를 통해 유효성을 검증하고 피드백을 수집해 더 나은 상품 개발로 이어나가는 것이다. 예를 들어 쇼핑몰을 창업하고 싶다면 자체 쇼핑몰을 개발하느라 큰돈과 노력을 들이기에 앞서 고객의 반응을 알아볼 수 있도록 기존의 쇼핑몰 플랫폼이나 SNS에 일부 상품 이미지만 올려볼 수 있다. 만약 반응이 좋지 않더라도 쇼핑몰 제작에 큰돈을 들이지 않았으므로 쉽게 방향을 틀어 판매하는 상품을 바꾸는 등의 대책을 생각해내고 또다시 시도해볼 수 있다.

이 MVP라는 용어를 대중화 시킨 사람이 『린 스타트업』의 저자 에릭 리스이다. 그가 주창하는 '린lean'이란 본래 도요타에서 생산의 낭비를 줄이고 재고 비용을 최소화하기 위해 고안한 경영 방식이었는데, 에릭 리스는 불확실성이 큰 초기 스타트업에 린 방식을 접목해 큰 반향을 일으켰다. 린 스타트업은 창업자나 직원들의 아이디어를 실현하는 데 바로 많은 비용을 쏟기보다는, 아이디어를 검증할 수 있는 가설의 형태로 바꾸어 최대한 많은 고객과 직접 이야기를 나누어 틀린 가설은 빨리 폐기하고 성공적인 가설을 발전시키는 데 집중하는 프로세스를 말한다.[23]

유튜브에 영상을 업로드해서 수익을 창출하고 싶다면 가장 먼저 검증해야 하는 가설은 무엇일까? 예를 들어 "내가 제작하는 ○○한 영상은 주 타깃인 △△한 사람들이 재미있게 느끼고 나아가 구독도 해줄 것이다"와 같은 가설을 세울 수 있다. 그렇다면 가장 먼저 해야 하는 일은 거액을 들여 연예인을 섭외하거나 화려한 인트로 영상을 제작하는 것이 아니라 최소한의 비용과 노력을 들여 내 아이디어를 전달하는 영상을 만들어 업로드해보고, 타깃 시청자들의 의견을 직접 물어 피드백을 받거나 그들의 구독 전환율 데이터를 확인하는 것이다. 이렇게 작게 시작하여 실패는 빨리 끊어내고 성공적인 아이디어를 발견해 발전시키는 데 집중한다면 시간과 에너지의 낭비를 최소화할 수 있다.

린 방식은 특히 한정된 투자금으로 제한된 시간 내에 사업을 키워내야 하는 스타트업을 위해 고안된 방식이다. 그러나 실리콘밸리의 창업가가 아니라도 누구나 일상에서 활용할 수 있다. 최소한의 성과물을 만들어 결과를 검증해보고, 시도를 반복하는 과정에서 배운 것을 차차 쌓아나가며 개선을 거듭하고, 횟수를 늘려갈수록 점차 더 좋은 성과를 올리는 것이다.

▌노력을 성장으로 만드는 핵심

프로젝트를 시행할 때 발전을 위해 꼭 필요한 단계가 바로 회고retrospective이다. 프로젝트가 종료한 후에 내가 산출해낸 성과를 돌아보고 잘한 것은 무엇인지, 더 잘할 수 있는 것은 무엇인지, 실패라고 느껴지는 점이 있다면 그 이유가 무엇인지 되짚어보는 것이다. 이 과정에서 지금까지의 노력이 실질적인 성장으로 연결된다.

회고를 할 때는 잘못한 점이 눈에 띄더라도 자책을 하는 등 감정적으로 대응하기보다 거리를 두고 그 원인을 살펴보는 것이 중요하다. 실패의 심리학을 다룬 짐 폴의 저서 『로스』에는 객관적인 업적을 '개인화'하는 것이 크고 비참한 실패를 불러오는 결정적인 이유라고 말한다.[24] 사업의 성공이나 실패, 의

사 결정의 좋고 나쁨, 투자에서 얻은 이익이나 손실 같은 외적 요소들에 개인의 자존감을 개입시켜 내면화한다면 '내가 잘나서 성공한 거야', '내가 못나서 실패한 거야'와 같은 오만이나 자학의 감정을 불러일으키기 쉽다. 개인이 전적으로 통제할 수 없는 성공이나 실패 같은 외적인 결과를 항시 개인적으로 받아들인다면 적절한 의사 결정이나 행동 방침 마련보다도 자신의 자존감을 지키는 데 더 많은 힘을 쏟게 되며, 점점 더 근거 없이 자아가 비대해지거나 반대로 개인적인 상실감을 키워 현실을 직시할 수 없게 된다.

디자이너로서 일하다 보면 나의 결과물에 피드백을 주는 수많은 관계자들과 협업을 해야 한다. 내가 심혈을 기울여 작업하고 꼼꼼히 검토한 결과물을 신랄하게 비판하는 사람들을 만나면, 나도 인간이기에 기분이 나빠질 때가 있다. 하지만 이럴 때일수록 디자인 결과물이라는 외적이고 객관적인 요소와 나의 기분과 자존감이라는 내적이고 개인적인 요소를 분리해서 생각하려 노력한다. 훈련을 거듭하다 보면 비평을 나에 대한 인신공격이 아닌 디자인 결과물에 대한 평가로 받아들일 수 있게 된다. 이는 결국 심리적으로 흔들리지 않고 앞으로 더 나은 작업을 할 수 있는 기반이 되어준다.

회고 과정을 통해 결과를 분석하여 성공이나 실패의 원인을 찾아 다음 단계에서는 같은 실패를 반복하지 않고 한 걸음 더 나아가 진일보한 결과를 낳을 수 있다면 '실패에서 배우는 피드백 루프'를 만드는 데 성공한 것이다. 실패를 아예 하지 않는 것은 불가능하다. 가능한 한 과거의 경험에서 더 많은 것을 배우고 시간을 들여 앞으로 조금씩 더 나아지려는 자세를 취할 때 승률이 높아진다.

구글에서는 분기 말에 OKR을 회고하고 각각의 핵심 결과에 점수를 매긴다. 1.0점을 만점으로 두되 도전적인 목표라면 0.7에서 1.0까지를 성공이라 여기고 녹색으로 표시하며, 0.4에서 0.6은 노란색, 그리고 0에서 0.3까지는 경고의 의미를 담아 빨간색으로 표시한다. 필수적인 목표는 1.0을 달성하는 것이 바람직하다. 개인적으로 OKR을 활용할 때는 기업에서 실시하는 것처럼 지나치게 엄격하게 점수를 매길 필요는 없다. 하지만 프로젝트 종료 후 자신의 성과를 돌아보며 달성률이 어느 정도인지 파악하고 성찰한다면, 다음 프로젝트를 계획하고 수행하는 데 반드시 도움이 된다.

앞에서 예로 든 3개월간의 자산 관리 프로젝트가 끝났다고 가정해보자. 그 결과 경제 서적은 12권 읽었고, 수입의 30퍼센트

린 스타트업의 피드백 루프

를 저축했으며, 투자 수익률은 1퍼센트를 달성했다. 회고의 시
간을 맞아 점수를 매긴다. KR1은 실제 읽은 책 12권을 기존의
핵심 결과 15권으로 나누어 보니 0.8이 된다. KR2는 수입의 30
퍼센트를 저축했으므로 목표인 40퍼센트로 나누면 0.75가 된다.
KR3은 어떨까? 수익률 1퍼센트를 달성해서 처음에 설정한 3퍼
센트에는 닿지 못했지만 플러스 수익을 달성했으므로 다소 주
관적으로 0.5라는 점수를 매길 수 있다.

회고를 할 때 물어야 할 질문들이 있다.

KR을 달성한 결과 O를 성취할 수 있었는가? 모든 KR에서 1.0을 기록했지만 목표인 O에 다가갔다는 느낌이 들지 않는다면 애초에 핵심 결과를 잘못 설정한 것일 수도 있다. 다음번에는 O와 KR의 상관관계에 더욱 주목하여 핵심 결과를 설정해보자.

전체적인 성과는 어떠했는가? 0.8 / 0.75 / 0.5이라는 성적이 만족스러운지, 그렇지 않다면 다음번에는 어느 정도의 점수를 노리면 좋을지 생각해본다. 다음번에는 반드시 달성해야 하는 필수적인 목표를 설정할 것인가? 아니면 야심차고 도전적인 목표를 설정하고 0.7 이상을 달성하기 위해서 노력할 것인가? 나에게 더 잘 맞는 방식이 무엇인지 찾아보자.

잘한 점은 무엇인가? 앞으로도 계속 이렇게 잘하려면 어

O	KR	점수
	경제와 금융에 대한 책 15권 읽기	0.8
자산 관리를 시작하자	매달 수입의 40%를 저축하기	0.75
	주식 투자를 시작해서 수익률 3% 내기	0.5

자산 관리 프로젝트 성과표

계획이 실패가 되지 않게

떻게 해야 하는가? 모든 핵심 결과에서 1.0이라는 성적을 내지 못했을지라도, OKR을 도입하고 실행하는 과정에서 기지를 발휘하거나 꾸준하게 노력하는 등 나 자신이 잘한 일을 찾아내어 기록한다. 예를 들어 수입의 40퍼센트를 저축하기 위해서 가계부를 쓰기 시작했는데, 기록을 해보니 절약의 효과가 있었다면 앞으로도 꾸준히 가계부를 쓰면서 의식적으로 저축액을 늘려볼 수 있다. 이렇게 실행 과정에서 좋은 흐름이 생겨났다면 그것을 유지하기 위해서는 어떻게 해야 하는지 생각해본다.

잘못한 점은 무엇인가? 무엇을 바꿔야 더 잘할 수 있는가? 주식 투자 수익률이 기대에 미치지 못했다면 왜 그러한 결과를 낳았는지 살펴본다. 주식이라는 것은 단기간에는 심한 가격 변동을 보일 수 있지만, 좋은 주식을 골라 사고 장기간에 걸쳐 보유한다면 가격은 제자리를 찾아가게 마련이다. 따라서 3개월간의 짧은 프로젝트에서 주식 수익률과 같은 수치를 핵심 결과로 삼는 것 자체가 바람직하지 못했다는 결론에 이를 수 있다. 그렇다면 다음번에는 주식 투자 수익률보다도 더 적합한 지표를 찾아 핵심 결과로 삼는 것으로 OKR의 적용 방식을 개선할 수 있다.

열정과 의욕을 유지할 수 있었는가? 그렇지 않다면 그 이유는 무엇인가? 프로젝트를 수행하면서 점점 더 자산 관리에 흥미를 느끼고 즐거움을 느낄 수 있었다면 그보다 더 좋은 일은 없다. 하지만 도중에 의욕을 잃어 계좌를 보는 것조차 스트레스로 느껴졌다거나, 대체 왜 이렇게까지 시간을 들여가며 자산 관리를 해야 하는지 의문이 들었다면 목표가 충분히 영감을 불러일으키지 못했을 가능성이 크다. 다시 한번 내가 돈을 모으고 굴려서 궁극적으로 무엇을 하고 싶은지, 내가 진정으로 원하는 것이 자산 관리가 아니라면 다른 어떤 것인지, 그 이유는 무엇인지 생각하는 시간을 갖자.

회고를 마쳤다면 다시 3부의 처음으로 돌아가 나의 사명에 대해서 생각해본다. 그리고 나서 다시 목표와 핵심 결과를 설정하고 수행 계획을 수립한다면 이번 프로젝트에서 경험하고 배운 것을 살려 더욱 효과적으로 OKR을 사용할 수 있다. 더 야심 찬 과제에 도전하고 더 효율적으로 성공을 추구하며 자신만의 OKR 사용법을 만들어간다면, 언젠가 해보고 싶었던 것들은 어느새 이미 성취한 것이 되어 차곡차곡 쌓여나갈 것이다.

계획이 실패가 되지 않게

이게 아니면 더 나은 길이 있다

회고 결과 추구하는 목표에 회의감이 들었거나, 지금의 전략이나 방식으로는 전혀 목표에 이르지 못할 것 같다는 생각이 들었다면 다음번에는 방향을 틀어 다른 시도를 해보아야 한다. 이것을 '피보팅pivoting'이라고 한다. 에릭 리스에 의하면 피보팅이란 "창업가가 사업을 진행하는 과정에서 제품, 전략, 성장 엔진에 대한 새롭고 근본적인 가설을 테스트하기 위해 경로를 구조적으로 수정하는 방향 전환"이다. 전면적으로 목표와 전략을 재고하고 새로 도전한다는 뜻이다.[25]

비즈니스 환경은 끊임없이 변화하고 시장이 원하는 것도 계속해서 바뀐다. 그렇기 때문에 처음에 세운 계획을 무슨 일이 있어도 밀어붙이는 기업보다도 다양한 방면으로 실험하며 성공을 모색하는 기업이 더욱 유리하다. 필름 카메라의 시대에 큰 성공을 거두었던 코닥은 디지털 카메라의 시대에 대응하지 못해 급속하게 쇠퇴하였지만, 후지필름은 필름 제조 기술을 응용한 화장품 라인을 시장에 내놓았다. 닌텐도는 화투를 팔던 기업이었고 인스타그램은 위치 정보 서비스였으며 트위터는 팟캐스트 플랫폼이었다. 이들은 모두 사업을 키워나가는 과정에서 더 나은 방향을 찾았고, 세계적인 대기업으로 성장할 수 있었다.

『트렌드 코리아 2021』은 2021년의 소비 트렌드로 '거침없이 피보팅'하는 기업이 더욱 늘어날 것으로 전망했다.[26] 코로나19가 가져온 경제 위기 속에서 공유 차량 운전자를 재빨리 음식 배달 서비스로 재배치한 동남아시아의 회사 그랩Grab이나 여행객이 감소하자 재택근무를 하는 사람들을 위해 호텔 룸을 패키지로 제공한 호텔 업계, 여객 운송이 어려워지자 탑승객에게 제공하던 기내식이나 잠옷, 로션, 간식 등을 온라인으로 판매한 항공 업계의 사례를 보면 변화를 기민하게 감지하고 신속하게 적응하는 것이 기업에 얼마나 중요한 능력인지 알 수 있다.

　피보팅은 기존에 하던 것을 내던지고 전혀 새로운 것에 도전한다는 뜻이 아니다. 피보팅이라는 단어의 사전적 정의는 한쪽을 축으로 하여 다른 한쪽을 회전시킨다는 의미로, 내가 잘하고 있는 부분은 고정하여 계속 좋은 흐름을 유지할 수 있도록 하되, 잘 못하고 있는 부분에서 새로운 방법을 모색하는 것을 뜻한다. 예를 들어 유튜브에 영상을 꾸준히 올려보았지만 기대에 미치지 못하는 성과를 거뒀다면 유튜브가 지겹다며 바로 그만두지 말자. 타깃을 정확하게 설정했는지, 영상에서 전하는 메시지가 적절했는지, 다른 분야의 콘텐츠 제작에 도전해보면 어떨지, 영상 제작이 도무지 나의 길이 아닌 것 같으면 블로그나 팟캐스트와 같은 다른 매체를 이용하면 어떨지 등을 고루 생각해보고 더 나은 방향을 찾아 전환을 시도해보면 된다.

OKR에서 만족스럽지 못한 결과를 얻었다고 해서 앞에서 생각해본 나의 사명이나 목표까지 폐기할 필요는 없다. 다만 회고에서 얻은 배움을 바탕으로 목표나 핵심 결과를 수정하고, 실천 과정에 있어서도 더 나은 방식을 찾아 신속하게 방향을 바꾸며 피보팅을 반복한다면 언젠가는 나에게 딱 맞는 길을 찾아낼 수 있을 것이다. 그러기 위해서는 가능한 한 많은 길을 걸어보고 방황해봐야 한다. 실패를 많이 반복하되, 감당할 수 있는 작은 규모로 실패하자. 그리고 성공의 씨앗을 찾았다면 꾸준히 물을 주고 보살펴 크게 키워내자.

| Part 4 |

성공적인 프로젝트에서
마음에 드는 삶으로

completion
50%

Chapter 14

인생의
복리 성장 곡선
그리기

인생을 바꾸는 복리의 원리

우리가 금융에 대해서 공부를 하고 예금이나 투자 등의 재테크를 시작할 때 반드시 알아두어야 하는 것이 복리의 개념이다. 단리라는 것은 원금에만 이자가 붙는 방식이고 복리는 원금과 이자를 더한 금액에 또다시 이자가 붙는 방식이다. 예를 들어 매년 100만 원씩 예금하고 이자가 5퍼센트라고 했을 때에 단리와 복리로 각각 다음 페이지의 그래프와 같은 결과가 나온다.

단리와 복리의 비교 그래프를 보면 처음 10년 동안은 단리와 복리 방식 간에 큰 차이가 나지 않으나, 기간이 길어질수록 복리

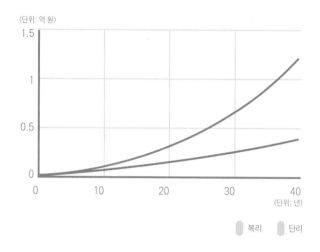

(단위: 억 원)
1.5
1
0.5
0
0   10   20   30   40
(단위: 년)

복리   단리

단리와 복리의 비교 그래프

로 자산을 관리하면 그 금액은 급속하게 늘어나 40년 후에는 단리 방식의 세 배 가깝게 늘어난다. 그런데 여기서 왜 갑자기 복리의 중요성에 대해서 이야기하고 있을까? 그 이유는 복리의 원리가 자산 관리뿐만이 아니라, 인생을 살며 장기간에 걸쳐 노력을 하고 성취를 차곡차곡 쌓아가는 과정에도 적용되기 때문이다.

많은 사람들이 투자를 시작할 때 복리의 원리를 머리로만 이해한다. 그래서 시간이 흐르는 동안 근질근질함을 견디지 못해 지금까지 잘 굴려오던 금융상품을 환매하고 다른 곳에 투자하거나, 돈이 조금만 모이면 마음껏 써버리고는 한다. 하지만 이는 이후에 복리로 급속하게 굴러가서 더 크게 불어날 수 있는 잠재력을 가진 눈덩이를 스스로 부숴버리는 일이다.

외국어 공부에 대해서 생각해보자. 하루에 영단어를 10개씩 외우고, 꾸준히 회화 연습을 하더라도 처음 얼마간은 실력이 급속하게 늘지 않는다. 하지만 그렇게 오랜 기간 영어 공부를 하고 나면 어떤 새로운 표현을 배웠을 때, 단순히 표현 하나를 더 익힌 것에서 머무르지 않는다. 그 새로운 표현을 기존에 알고 있던 표현들과 또 지금까지 배운 원어민의 사고방식, 그리고 사회 문화적 배경에 비추어 봄으로써 다섯 가지, 열 가지 사실을 추론해낼 수 있다. 이처럼 외국어 학습은 단리보다는 복리의 원칙이 적용되는 분야이다. 그러니 시험에서 생각처럼 영어 점수가 나오지 않자 답답함을 느끼고 '난 영어에 소질이 없나 봐'라는 성급한 결론을 내리며 영어를 놓아버린 사람과 장기간에 걸쳐 포기하지 않고 조금씩이라도 공부를 지속한 사람과의 실력 차이는 그 기간이 길어지면 길어질수록 급속도로 벌어지게 된다. 초기에 성과가 잘 나오지 않는 답답한 기간을 견디고 나면 눈덩이가 크게 불어나는 것처럼 급속하게 성장하는 시기가 찾아온다는 것을 직접 체험하는 것이 중요하다.

복리의 원리만큼은 전문가가 수치와 그래프를 가지고 아무리 설명을 해도 몸소 경험을 해보지 못하면 어떻게 그런 마법 같은 일이 일어날 수 있는지 납득하지 못한다. 수많은 금융 전문가들이 월급에서 조금씩만 떼어 투자해서 복리로 장기간 굴리면 여유로운 노후를 보낼 수 있다고 말하지만, 그 원리를 이해하지 못해 단기간에 두세 배의 수익을 낼 수 있다는 위험천만한 투자 상품에 전 재산을 털어넣는 사람들이 수도 없이 많다.

앞에서 계산해본 대로 1년에 100만 원, 즉 한 달에 8만 원 남짓의 돈을 복리 5퍼센트로 쌓고 굴린다면 40년 후에는 1억이 훨씬 넘는 돈이 된다. 이는 돈을 빠르게 몇 배로 불리겠다며 위험한 테마주나 이름도 들어본 적 없는 코인에 투자하는 것보다 훨씬 더 승률이 높고 보상도 큰 투자 방식이다. 자기 계발에도 투자와 똑같은 원리가 적용된다. 작은 노력을 복리로 쌓는 게임을 하는 것이 장기적인 관점으로 보았을 때 인생에서 훨씬 더 유리하다.

꼭 한 번이라도 복리의 마법을 체험해보자

목표를 달성하기 위해 눈덩이를 굴리려면 먼저 아주 작은 눈

뭉치를 만들어야 한다. 노후 자금을 마련하기 위해 100만 원을 뻥튀기해서 1000만 원을 만드는 것보다, 한 달에 8만 원씩 차곡차곡 모으고 굴리는 것이 장기적으로 보았을 때 더 효과적인 것처럼 말이다.

노력도 마찬가지이다. 영어 공부를 하기로 다짐한 뒤 며칠 안에 참고서 한 권을 다 끝내겠다고 마음먹는다면 얼마 지나지 않아 의욕이 고갈되어 금세 영어 공부를 놓아버리고 싶은 마음이 들 것이다. 하지만 '오늘은 2페이지만 공부해야지'라고 마음먹고 책상에 앉으면 심적인 부담이 덜할뿐더러, 일단 시작을 하고 보면 속도가 붙어 처음에 목표로 했던 것보다 더 많은 양을 끝마치게 되는 일이 많다.

나도 이 책을 집필하면서 '오늘은 휴일이니까 글을 많이 써야지'라고 생각한 날보다 '오늘은 피곤하니까 딱 세 줄만 써야겠다'라고 마음먹은 날이 훨씬 더 글이 순조롭게 잘 써지는 경험을 했다. 전자의 경우에는 글을 쓰기도 전에 부담을 느껴 '아, 귀찮고 하기 싫다'라는 기분에 사로잡히게 되고 쉽게 글쓰기를 미루었다. 하지만 딱 세 줄만 써야겠다고 마음먹고 컴퓨터 앞에 앉아서 쓰다 보면 어느새 1000자, 2000자씩 술술 써지곤 했다.

우리의 뇌는 신체의 어느 부분보다도 많은 에너지를 소모하는 동시에 쉽게 지치는 기관으로 알려져 있다. 따라서 하루 종일 일을 하거나 공부를 하고 난 뒤 이미 지쳐 있는 뇌는 에너지를 아끼기 위해서 머리를 활발하게 사용하는 일을 거부하게 된다. 독서나 공부와 같은 본격적인 활동은 부담스러워하지만 트위터의 짧은 글은 받아들일 수 있는 상태에 놓이는 것이다. 2시간짜리 영화를 보는 것이 부담스러워 20분짜리 시트콤을 틀었더니 연달아 보다가 서너 시간 이상 시청하고 말았던 경험이 다들 있을 것이다. 역으로 '오늘은 꼭 대청소를 해야지'라고 마음먹으면 하기 싫은 마음에 청소를 한참 미루게 되지만, '오늘은 물티슈로 거실 바닥을 조금만 닦아야지'라고 생각하고 시작하면 어느새 거실이 전부 깔끔하게 정리가 되어 있곤 한다.

이렇게 '오늘은 하루 종일 집중해서 열심히 공부를 해야지'라고 다짐을 했다면 그것을 실행할 여력이 없는 우리의 뇌는 시작도 하기 전에 필사적으로 반발을 하게 되고, 여기에 의지력까지 모자라면 자꾸만 일을 미루게 되고 포기하게 된다. 의지력을 있는 대로 끌어모아 공부를 마쳤다고 해도, 그다음 날에 또 똑같이 하려고 한다면 우리의 몸과 마음은 더욱 피로감을 느낄 것이다. 우리가 쓸 수 있는 에너지보다 억지로 더 많은 양을 소비하고 그 마이너스 에너지가 장기간 누적된다면 번아웃 증후군에 빠지기

　　　　　　　　　　　　계획이 실패가 되지 않게

쉽다. 관리와 계획 없이 행하는 무조건적인 노력은 답이 될 수 없다.

실행 계획을 세울 때에는 내가 하루에 마칠 수 있는 일의 분량을 과대평가하지 말고, 아주 작은 단위로 일을 쪼개는 것부터 시작해보자. 중요한 것은 한달음에 모든 것을 해치워버리는 것이 아니라, 작게 시작해서 오랜 기간 꾸준히 임하는 것이다. 그렇게 한 번이라도 복리의 마법을 체감하게 되면, 어떤 일에 임하든 간에 작게 시작해도 끈질기게 실천을 지속하며 훌륭한 성과를 이끌어내는 '성공 체질'을 가진 사람으로 거듭날 수 있다.

작게 시작하는 것을 권하는 또 다른 이유는 많은 성공을 체험하는 것이 자신감으로 이어지기 때문이다. 새해 다짐을 지금껏 단 한 번도 끝까지 지켜본 적이 없는 사람이라면 새해 다짐은 으레 실패한다고 믿게 된다. 이런 경험이 반복된다면 점점 자신감을 잃고 '나는 뭘 해도 안 돼' 같은 왜곡된 생각에 빠져들고 만다.

다시 한번 재테크를 예로 들어보자. 돈을 모으지 못하는 사람들의 공통된 특징은 돈을 모으는 데에서 오는 성취의 기쁨을 체험해본 적이 없다는 것이다. '언제까지 얼마를 모아야지'라는 목표와 계획을 가지고 돈 모으기를 실천에 옮겨 목표 금액을 달성하고 나면 더없는 뿌듯함을 느낄 수 있고, 또 다음번에는 더 많은 액수를 모을 수 있다는 자신감도 생긴다. 하지만 돈을 모아야 하는 이유에 대해서도, 목표로 삼아야 하는 금액에 대해서도 구체적으로 생각해본 적 없는 사람들은 '은퇴 자금으로 6억이 필요하다고? 그런 큰돈을 어떻게 모아'라며 지레 겁을 먹는다. 그리고 '어차피 난 틀렸으니 지금 열심히 쓰고 행복하자'라고 합리화하며 계획 없이 소비하는 라이프스타일에 안주하게 된다.

갑자기 억대의 은퇴 자금이 필요하다고 생각하면 그 돈을 어떻게 마련해야 할지 막막하여 돈을 모을 엄두가 나지 않는다. 그러나 일단 1000만 원만 모아보자고 생각하면 큰 부담은 아니다. 1000만 원 모으기를 달성하고 나면 돈을 모으는 것의 기쁨과 재미를 알게 되고, 이번에는 2000만 원을 모아보자는 생각이 든다. 그렇게 차곡차곡 목표의 크기를 키워나가면서 매 단계에서 얻을 수 있는 성공을 체험하게 된다면 누구나 은퇴 자금을 스스로 마련할 수 있다. 목표 금액을 정하고 기간을 정해 한 달에 모아야 하는 구체적인 금액을 계산해보면, 의외로 불가능한 일이 아니라는 것을 깨닫게 된다.

이 원리는 모든 영역에 적용된다. 1년 내내 매일매일 5킬로미터씩 달리기를 하겠다고 생각하면 심적 부담이 커지고, 도중에

계획이 실패가 되지 않게

실패할 확률도 크다. 일단 일주일 동안만 밖에 나가서 20분간 산책을 하는 것을 단기적인 핵심 결과로 삼고, 그것을 달성했다면 다음 단계의 계획을 세워보자. 이번에는 '한 달 동안에 15번 달리기'와 같이 그 규모를 조정하고, 성공했다면 그다음에는 두 달짜리 계획을 세워보자. 이렇게 여러 번에 걸쳐 내가 수립한 핵심 결과의 수치를 달성하는 성공 체험을 쌓아가면 점차 더욱 큰 성취로 뻗어나갈 수 있다.

우리가 게임을 할 때에도 레벨 1에서 레벨 2로 업그레이드되는 순간 스스로 진보하고 있다는 것을 실감하게 된다. 그리고 이러한 자부심은 다음 단계로 달려갈 수 있는 원동력이 된다. 우리의 뇌는 이러한 짜릿함을 더 자주 많이 느끼고 싶어 앞으로도 계속해서 보상을 받는 행동을 장려한다. 자기 계발도 마찬가지이다. 목표는 크고 원대하게 가지되, 구체적인 실행 계획은 잘게 쪼개서 작은 단위부터 정복해나가자. 작은 성취에서 오는 기쁨이 우리를 더 큰 성공으로 이끌어갈 것이며, 시간이 흐를수록 그 성공의 폭은 급속히 커질 것이다.

Chapter 15

아이디어도
배우는
것이다

좋은 생각을 떠올리는 기술

개인의 삶에서 OKR을 효과적으로 활용하려면 먼저 좋은 아이디어가 필요하다. 나의 사명이 무엇인지 고민할 때, 적절한 핵심 결과를 설정할 때, 목표를 성취하기 위한 수단과 방법을 모색해야 할 때, 과거의 성과를 돌아보고 다음번에는 어떻게 하면 더 잘할 수 있을지 생각할 때 등등 다양한 국면에서 좋은 아이디어를 불러오는 사고력은 계획을 실천하는 데에도, 개인이 성장하는 데에도 큰 도움이 된다. 이번 장에서는 훈련하면 누구나 아이디어를 꾸준히 생산할 수 있게 만들어주는 각종 기법을 소개한

계획이 실패가 되지 않게

다. 좋은 아이디어가 떠오르지 않아 OKR을 추진하는 데 어려움을 겪고 있다면 참고해보자.

우리는 천재가 사소한 것을 계기로 번뜩이는 아이디어를 떠올리는 이야기를 참 좋아한다. 아르키메데스가 목욕을 하다가 갑자기 "유레카!"라고 외쳤다거나, 뉴턴이 나무에서 떨어지는 사과를 보고 만유인력의 원칙을 떠올렸다는 식의 이야기들 말이다. 명탐정 코난도 "띠리링" 하는 효과음과 함께 범인을 찾을 실마리를 떠올리고, 영화 속 과학자들 또한 아이디어가 떠오르면 항상 유리창에 마커로 복잡한 수식을 급하게 적어 내려간다. 이런 묘사를 자꾸 접하다 보면 독창적인 아이디어는 뛰어난 직관과 넘치는 영감을 가진 천재에게 불시에 찾아오는 것이라고 착각하기 쉽다.

하지만 아르키메데스가 "유레카!"를 외칠 수 있었던 것은 그가 이미 밤낮으로 왕관이 순금으로 만들어졌는지를 검증할 방법을 골똘히 생각하고 있었기 때문이다. 아마도 그는 목욕탕에 몸을 담그기 전에 수도 없이 다양한 재료를 사용해 실험을 하고 실패를 거듭했을 것이다. 그러나 우리는 이렇게 뒤에 숨겨진 성실한 노력보다는 "유레카!"에 주목한다. 뉴턴의 사과나무 이야기 역시 진위가 밝혀진 바 없으며, 후대의 계몽주의 사상가들이 뉴턴의 천재성을 강조하려다 보니 그가 떨어지는 사과로 인해 번뜩이는 아이디어를 얻었다는 신화가 더욱 강화되었다고 한다. 뉴턴이 설사 사과를 맞고 깨달았다 한들 밤낮으로 물리 법칙에 대해서 생각하고 고민하고 있었기 때문에 만유인력을 떠올릴 수 있었던 것이지, 평소에 무관심했다가 마법처럼 떠올리지는 않았을 것이다.

우리에게는 아이디어를 의식적으로 생산할 수 있다는 발상이 낯설다. 그래서 회사에서 아이디어를 생각해 오라고 할 때마다 '아무 생각도 없는데 어쩌지' 같은 생각을 하면서 흰 종이와 연필을 앞에 두고 멍하니 앉아, 영감이 기적과 같이 찾아오기만을 바라곤 한다. 하지만 아이디어를 떠올리는 것 또한 생산법을 익히고 훈련을 거듭하면 충분히 키울 수 있는 능력이다.

아이디어 생산 5단계

20세기 초 미국의 광고계에서 전설적인 업적을 남긴 제임스 웹 영은 저서 『아이디어 생산법』에서 아이디어를 만들기 위한 순서로 자료 수집하기, 정신적으로 소화하기, 휴식하기, 아이디어 얻기, 아이디어 검증하기로 이루어진 5단계를 제시했다.[27] 첫 단계는 탐구하고 싶은 주제와 직결된 지식, 그리고 별로 관련이 없어 보이는 일반적인 지식을 다양하게 수집하는 것이다. 언뜻 생각할 때 아이디어를 짜내기에 앞서 자료를 수집해야 한다는 것은 당연한 말처럼 들린다. 하지만 현장에서 자료를 찾고 수집하는 과정은 쉽게 과소평가된다. 나는 "그런 거 할 시간 있으면 빨리 디자인을 보여달라"라고 나오는 상사나 클라이언트를 수도 없이 만나보았다. 많은 이들이 좋은 아이디어를 만들기 위한 첫 단계인 자료 수집을 건너뛰고 영감이 벼락처럼 우리에게 꽂히는 요행을 바란다. 하지만 좋은 재료가 다양하게 준비되어 있어야 이들이 서로 결합하여 좋은 아이디어를 낳는 법이다.

다음 단계는 수집한 자료를 꼭꼭 씹어 먹는 정신적 소화의 단계이다. 모아둔 원재료를 하나하나 꼼꼼히 보고 읽고, 재료 간의 관계에 대해서 골똘히 생각해보는 것이다. 이 단계에서 작은 아이디어들이 모습을 드러내기도 하는데, 잘 적어두면 나중에 더욱 발전한 형태의 아이디어가 되어 떠오르기도 한다.

세 번째 단계는 휴식이다. 아이디어를 짜내는 것을 멈추고 갑자기 휴식을 취하는 이유는 "고민하는 문제를 의식으로부터 몰아내고 무의식의 창의적 과정을 자극"하기 위해서이다. 휴식이 좋은 아이디어를 불러온다는 생각은 직관적으로 와닿지 않을 수도 있다. 특히 한국 문화에는 무엇을 하든 쉬지 않고 헌신하며 노력할 때 성공에 가까워진다고 믿는 경향이 여전히 있다. 좋은 아이디어를 떠올리기 위해 회사에서 나와 산책이라도 하려 든다면 많은 상사들이 '쟤는 왜 하라는 일은 안 하고 놀고 있을까?'라고 생각하며 노골적으로 못마땅해할 것이다.

하지만 좋은 아이디어는 우리가 예상치도 못했던 순간에 찾아온다. 산책 중에, 샤워를 하고 있을 때, 가만히 누워 있을 때 갑자기 좋은 생각이 떠오르곤 하는 것은 우리가 정신적 소화 과정에서 꼭꼭 씹어 먹은 아이디어의 재료들을 무의식이 이어받아 열심히 처리했기 때문이다. 아르키메데스가 자신의 작업실이 아닌 목욕탕에서 유레카를 외쳤던 것도 같은 원리일 것이다. 머릿속의 파편화된 정보가 자연히 결합하여 좋은 아이디어가 되어 떠오를 수 있도록 무의식이 일할 수 있게 충분한 휴식의 시간을 갖자. 운동이나 명상하기, 음악 듣기, 퍼즐 맞추기를 비롯한 머리를 비울 수 있는 활동은 무의식에 좋은 자극을 가져다준다.

이렇게 휴식 이후에 아이디어가 떠올랐다면 이제 주위에 아이디어를 공개하여 검증하는 과정을 거치자. 아이디어가 눈앞에 나타난 그 순간에는 이것만이 신이 내려주신 최고의 아이디

계획이 실패가 되지 않게

어라 착각하기 쉽다. 이렇게 초기에 자신의 아이디어와 사랑에 빠져버린다면 고집스레 자신의 생각을 밀어붙여 프로젝트의 실패로 이어질 수 있다. 일단 떠올랐다면 오래 붙들고 있지 말고 검증에 들어가자. 주변에 공개해 데이터나 피드백을 받아 분석해보고 실패한 아이디어는 빨리 폐기하자. 그리고 좋은 아이디어를 더욱 크게 키워나가자.

제임스 웹 영이 제시한 5단계의 아이디어 생산법이 최초로 출간된 것은 1940년이었다. 아이디어를 떠올리기 위해 꾸준히 노력해본 사람들이라면 이 방법론에 익숙할 것이고, 실제로 그 효과를 체험해봤을 수도 있다. 그러나 출간 후 80년이 지난 지금도 많은 사람들이 아이디어 생산에 수집이나 휴식이 얼마나 중요한지 이해하지 못하고, 시간이나 예산이 없다며 성급하게 다음 단계로 넘어가고 싶어 한다. 이 5단계는 하나라도 생략해버리면 제대로 작동하지 않는다. 자료를 모으고 소화한 뒤 충분한 휴식을 취해 무의식이 일하게 하고, 아이디어가 떠올랐다면 주위에 공개하여 검증하고 발전시키는 과정을 일체화된 것으로 인식하고 그대로 따른다면 누구든 충분히 좋은 아이디어를 거둬들일 수 있다.

아이디어 자료 수집은 일상 속에서 이루어진다

아이디어를 만들어내기 위한 자료 수집 단계에서는 탐구하는 주제와 직접적으로 관련이 있는 정보를 꼼꼼하게 찾아보고 검토하는 것도 물론 중요하다. 평소에 광범위한 분야에 걸쳐 다양한 경험과 지식을 쌓고 기록과 수집을 해두면 더욱 큰 도움이 된다. 원재료가 다양하게 준비되어 있을수록 다채롭고 풍성한 요리를 만들어낼 수 있는 것과 같다. 따라서 평소에 책을 읽거나 영화를 즐겨 보고 흥미로운 뉴스 기사나 영감을 불러일으키는 이미지를 스크랩하는 등 활발히 자료를 흡수하고 정리해두면, 아이디어를 만들어내기 위한 훌륭한 기초 체력이 단련된다.

예를 들어 직장에서 제품 개선을 위한 아이디어를 내야 할 때, 고객의 요구나 비즈니스 환경, 제품의 사양과 작동 원리 등에 대해서 먼저 속속들이 알아보고 숙지하는 작업이 기본적으로 되어 있어야 하겠지만, 평소에 관심을 가지고 모아두었던 관련 분야의 자료를 훑어보는 것도 좋은 자극이 될 수 있다. 스크랩하고 싶은 이미지를 자신의 보드에 '핀pin' 할 수 있는 핀터레스트나 인스타그램, 블로그 등을 자료 수집 목적으로 사용하며 일상에서 호기심을 자극하거나 시선을 끌었던 콘텐츠를 기록해두었다면 아이디어가 필요할 때 유용한 영감의 원천이 된다. 모

계획이 실패가 되지 않게

던 아트에 관심이 있어 수집한 이미지를 보며 제품을 미적으로 개선할 수 있는 아이디어를 발견할 수도 있고, 역사에 흥미가 있어 모아둔 과거 위인들의 성공과 실패에 대한 일화들이 비즈니스 전략을 수정하는 데 결정적인 힌트가 될 수도 있다.

목표 관리에 대한 책을 쓰기 위해서 내게 일차적으로 필요했던 재료는 OKR을 직접적으로 다룬 존 도어나 크리스티나 워드케의 서적이었지만, 그 외에도 지식 근로자가 스스로 설정하는 목표의 중요성을 널리 알린 피터 드러커의 저작이나 실리콘밸리 기업의 창업가 정신과 사내 문화를 다룬 서적, 또 인간의 행동과 심리에 대한 각종 연구서들과 수많은 자기 계발서가 집필에 큰 도움을 주었다.

그러나 독자들이 쉽게 이해할 수 있도록, 어떤 이야기를 예로 들어 풀어나가면 좋을까 고민하면서는 어떤 지식보다도 과거에 접했던 소설이나 만화, 영화와 드라마, 뉴스와 인터넷 밈에 이르는 모든 것들이 좋은 재료가 되어주었다. 습관과 자동화의 중요성을 설명하려다 보니 "무슨 생각을 해… 그냥 하는 거지"라고 무심하게 답하던 김연아 선수가 떠올랐고, 회고와 학습의 중요성을 어떻게 전달할 수 있을지 고민하다 보니 톰 크루즈가 자꾸 과거로 돌아가는 영화 〈엣지 오브 투모로우〉가 생각났다.

여기서 핵심은 기록이다. 아이디어의 원료는 금세 휘발되어 버리므로, 내게 와서 꽂힌 감명 깊은 이야기나 좋은 책의 한 구절, 아름다운 이미지 등을 어딘가에 차곡차곡 쌓아두는 습관을 들이자. 언젠가는 귀중한 아이디어의 결정적인 실마리가 되어 우리 앞에 나타날 것이다.

아이디어를 확산시키는 힘, 만다라트

앞서 소개했듯이 아이디어의 발산과 수렴 과정은 순차적으로 시행할 때 가장 효과적이다. 먼저 많은 아이디어를 만드는 발산의 과정을 거치고 난 다음에 그중에서 좋은 아이디어를 걸러내는 것이다. 충분한 발산과 숙성 시간을 가지지 않고 처음에 생각해낸 아이디어의 실현을 조급하게 추진하거나, 발산도 하기 전에 이것저것 제약 조건을 들이대며 아이디어의 싹을 잘라내면 이후에 더 좋은 아이디어를 키워낼 수 있는 기회를 너무 이른 단계에서 잃어버리게 된다. 또 아이디어를 발산하긴 했지만 적절하게 걸러내는 과정을 생략한다면 너무 많은 아이디어 중에서 무엇이 가장 중요하고 무엇을 우선해야 하는지 판단이 서지 않아 시간과 노력을 낭비하기 쉽다.

좋은 아이디어를 만들어내는 데 유용한 대표적 방법론인 다이아몬드 모델은 앞서 소개했다. 덧붙여 하나 더 소개해본다. '만다라트'라는 것으로, 하나의 아이디어에서 출발해 더욱 많은 아이디어를 생각해낼 때 좋다. 만다라트는 안에 위치한 핵심적인 아이디어를 시작으로 밖으로 뻗어나가며 더욱 세분화된 아이디어를 얻어내는 방식이다. 그림과 같이 일단 정사각형을 3행 3열로 배치하고 중심에는 가장 중요하고 핵심적인 생각을 적는다.

나는 삶의 궁극적인 목표인 '즐거운 삶'을 중심에 두고 이를 실현하기 위해서는 어떻게 해야 하는지 생각해본 결과, '창작 활동', '오래오래 건강하게 살기', '재미있는 것 보고 듣기', '좋아하는 일에 몰두하기'의 네 가지 활동과 함께 삶에서 즐거움을 느끼게 해주는 '고양이', '공부', '음악', '커뮤니티'와 같은 네 가지 분야를 떠올릴 수 있었다. 이렇게 중심이 되는 아이디어에서 주변 아이디어 여덟 가지를 연상했다면, 이번에는 이 여덟 가지 아이디어를 중심으로 한 3행 3열의 정사각형을 만들고 같은 과정을 반복한다. 3행 3열의 정사각형을 한 그룹으로 하고, 이 그룹을 또다시 3행 3열로 배열하여 아이디어를 빠짐없이 적으면 총 72개의 아이디어를 만들어낼 수 있다.

경제·정보 커뮤니티	글쓰기 모임	클럽하우스	클래식 공연 관람	발레 공연 관람	여행	피아노 연습	디제잉 기초 배우기	밴드 이름 정하기
정보 아키텍처 커뮤니티	사적 모임	북클럽	아트 페어 관람	취미	소설	작곡 과정 영상으로 제작	음악	작곡
투자 모임 운영	외국인 디자이너 모임	홍콩 IT업계인 모임	스탠드업 코미디	미술관·갤러리	영화	기타 배우기	로파이 음악 만들기	베이스 배우기
야채 먹기	스트레칭	근육 운동	사적 모임	취미	음악	원고 쓰기	블로그 글쓰기	책 리뷰
군것질 줄이기	건강	정기 검진	건강	즐거운 삶	창작 활동	팟캐스트 운영하기	창작 활동	투자 정보 영상 제작
수영	요가	심박수 기록	공부	좋아하는 일	고양이	연필 소묘 연습하기	4컷 만화 그리기	광둥어 유튜브 채널 관리하기
애니메이션 제작 공부	디자인 박사 과정 공부	심리학 공부	새로운 리서치메소드 시험해보기	디자인 전문 서적 읽기	디자인 콘퍼런스 참가	양치 시키기	빗질하기	체중 관리
영양학 공부	공부	중국어·광둥어 공부	포트폴리오 업데이트	좋아하는 일	트렌드 보고서 읽기	놀아주기	고양이	화장실 청소
저작권 공부	투자·금융 공부	행동 경제 공부	프레젠테이션 능력 강화	관리직에 도전	비즈니스 영어 강화	6개월마다 신장 검사	고양이 가구 관리	구충약 바르기

'즐거운 삶' 만다라트

단번에 만다라트를 채우는 것이 쉽지 않다면, 잘 보이는 곳에 붙여놓고 더 깊게 생각하는 시간을 갖는 것도 효과적이다. 제임스 웹 영이 제시한 기법을 따라 먼저 자료를 수집하고 분석한 뒤 휴식을 취한다면 멈춰버린 것 같던 생각이 다시 유연해지고 새로운 아이디어들이 떠오르기 시작할 것이다.

만다라트는 아이디어를 발산시키는 과정에 적합하게 설계되어 있다. 모든 아이디어를 하나의 평면 위에 펼쳐놓아 아이디어 간의 연상 작용을 촉진하고, 하나의 생각에서 여러 생각을 이끌어내는 과정을 통해 일단 많은 수의 아이디어를 확보할 수 있게 해준다. 하지만 만다라트 기법을 사용해 다양한 아이디어를 만들어낸 후에는 반드시 더 중요한 것을 골라내는 과정이 뒤따라야 한다. 그러지 않는다면 72개의 아이디어 중에서 무엇부터 시작해야 하는지 구체적인 계획을 세우기가 쉽지 않아 아이디어에서 끝나버리게 된다.

옥석을 고르는 COCD 박스

만다라트 기법을 사용해 수많은 아이디어를 생각해냈다면, 이제 그중에서 우선하는 아이디어를 골라내기 위해 모든 아이

				작곡 과정 영상으로 제작	작곡	로파이 음악 만들기	
				포트폴리오 업데이트	관리직에 도전	팟캐스트 운영하기	
글쓰기 모임 운영	북클럽 주최	심리학 공부		애니메이션 제작 공부	투자 정보 영상 제작	광둥어 유튜브 채널 관리하기	투자 모임 운영
저작권 공부	영양학 공부	책 리뷰		정보 아키텍처 커뮤니티	디자인 박사 과정 공부	디자인 콘퍼런스 참가	외국인 디자이너 모임

실현하기 어려운 아이디어

경제·정보 커뮤니티 활동	디자인 전문 서적 읽기	피아노 연습	기타 배우기	디제잉 기초 배우기	나홀로 밴드 이름 정하기	원고 쓰기	클럽하우스 활동
프레젠테이션 능력 강화	4컷 만화 그리기	베이스 배우기		새로운 리서치메소드 시험해보기	행동 경제 공부	홍콩 IT업계인 모임	
비즈니스 영어 강화	블로그 글쓰기	연필 소묘 연습하기					
트렌드 보고서 읽기	중국어· 광둥어 공부	투자·금융 공부					

실현하기 쉬운 아이디어

'즐거운 삶' COCD

디어를 독창성과 실현 가능성을 기준으로 왼쪽의 사분면처럼 분류하자. 이를 COCD 박스라 한다. 가로축을 평범한 아이디어와 특별한 아이디어로 나누고, 세로축을 실현이 쉬운 아이디어와 어려운 아이디어로 나눠 사분면을 만드는 것이다. 그러고 나서 만다라트에 있는 아이디어를 COCD 박스로 가져와 분류한다. 만다라트를 채울 때에 포스트잇을 사용했다면 그대로 각각의 아이디어를 떼어서 COCD 박스로 옮길 수 있어 편리하다.

나는 음악을 듣고 밴드 활동을 하면서 큰 즐거움을 느끼기 때문에 음악을 중심으로 여러 가지 아이디어를 생각해봤다. 작곡을 배우거나 음악을 만드는 일은 언젠가는 꼭 해보고 싶은 특별한 일이지만 지금 당장 실현하기에는 어려움이 있기 때문에 1사분면에 남겨두었다. 또한 기타나 베이스를 배우는 일은 평범하고 실현하기 쉬운 아이디어이기 때문에 3사분면으로 옮겼고, 디제잉을 배우고 나홀로 밴드에 이름을 붙이는 일은 특별하면서도 바로 시작할 수 있고 난도가 낮은 일이었기 때문에 4사분면에 배치해보았다.

이렇게 아이디어를 배치하고 나면, 1사분면에는 언젠가 이루고 싶은 특별한 일이지만 지금 당장 시작하기에는 어려운 아이디어만 남게 된다. 따로 기록해놓고 막연하게라도 언제 어떻게 실현시킬 수 있는지 고민해보자. 1사분면의 아이디어들은 지금 당장은 어려워도 잊지 않고 마음속에 묻어둔다면 시간이 지날 수록 더욱 숙성된 생각으로 발전할 것이다. 그렇기에 정리해두면 잠재적인 기회가 찾아왔을 때 더 쉽게 알아볼 수 있다. 2사분면에 위치한 평범하지만 실현이 어려운 아이디어는 다른 아이디어에 비해 실행에 따른 장점이 크지 않으므로 우선순위를 낮게 설정하고 일단은 기각하자. 3사분면의 평범하고 실행하기 쉬운 아이디어는 시간이 허락하는 한 하나씩 당장 해치워버릴 수도 있다. 4사분면에 남은 특별하며 실행 가능성이 높은 아이디어야말로 가장 우선하는 항목이다. 이제 내 시간과 자원을 집중할 대상을 찾은 것이다.

평범함과 특별함, 실행 가능성을 축으로 삼는 것이 와닿지 않는다면 나만의 기준대로 COCD 박스를 만들어 아이디어를 분류해보아도 좋다. 혹은 곤도 마리에의 방식을 따라 아이디어가 설레면 오른쪽에 배치하고, 설레지 않으면 왼쪽에 남겨두는 것도 좋은 방법이다.[28] 중요한 것은 COCD 박스에서 가로축과 세로축을 어떻게 설정하느냐가 아니다. 수십 개가 넘는 아이디어에서 지금 나에게 좋은 아이디어만을 골라내는 방법이다. 나에게 맞는 방법을 통해 우선순위를 세워보자.[29]

계획이 실패가 되지 않게

이번 장에서 소개한 아이디어 생산법을 활용해 내가 떠올릴 수 있는 가장 훌륭한 아이디어를 찾아내는 법을 훈련한다면 언제 찾아올지 모르는 영감만을 더 이상 하염없이 기다리지 않아도 된다. 스스로 아이디어를 만들 수 있는 체질로 거듭나자.

Chapter 16

마법
다음으로
좋은 것

성장을 막는 태도

교조주의는 종교나 윤리, 정치 등의 분야에서 자신이 믿고 따르는 원칙을 절대적인 진리라 여기며 수정이나 비판을 일절 용인하지 않는 태도를 말한다. 교조주의는 주로 신의 계명을 문자 그대로 떠받드는 근본주의자들이나 독재자를 맹신하는 추종자들에게 발견되지만, 의외로 우리의 주위에서도 쉽게 찾아볼 수 있는 현상이다.

"좋은 대학에 들어가고 좋은 직장에 취직해서 남부럽지 않게 사는 것이 최고의 인생이다"라고 굳게 믿고 있는 이들은 다른

계획이 실패가 되지 않게

길을 용납하지 못한다. 내 친구 딸도, 이웃집 아들도, 사돈의 팔촌도 모두 그렇게 똑같이 사는 것 같아 보이기 때문에 응당 모두가 그래야만 한다고 생각하는 것이다. 자녀들에게 질문의 여지를 주지 않고 같은 생각을 강요하는 것은 물론, 그와 다른 삶을 사는 사람들을 깎아내리고 경멸하는 태도를 보이기도 한다. 이런 태도가 바로 교조주의이다.

교조주의는 생각을 두려워한다. 어떤 일에 의문을 제기하면 "그건 원래 그런 거야"와 같은 반응만을 반복할 뿐이다. 여기에 휘둘리다 보면 스스로 생각할 힘을 잃어버리고, 왜 사는지도 모르게 되며 점점 위축된다. 자연스럽게 행복에서도 멀어진다.

똑똑한 사람들이 모여드는 IT 업계에도 교조주의자가 다수 서식하고 있다. 앞에서 말했듯이 '스탠드업'이라는 방식과 사랑에 빠진 나머지 매일 아침 이를 실시하기만 하면 산적한 우리 팀의 문제는 마법처럼 사라져버릴 것이라고 믿는 식이다. 업계에서는 수많은 유행이 왔다가 또 지나가는데, 그때마다 이 방법만이 팀을 구원하고 기업을 살릴 거라면서 워크숍이나 세미나를 열어 강력하게 도입을 주장하는 사람들이 많았다. 아이디어나 방법론 자체가 문제는 아니다. 현장 경험을 통해 스스로 고안한 반짝이는 아이디어를 세상과 공유하고자 하는 사람들이 있었다. 하지만 그 아이디어를 접한 이들 중에는 그것을 지나치게 일차원적으로 받아들이고 기계적으로 수용하여 결국 아이디어가 지닌 본래의 취지를 왜곡하는 이들이 적지 않았다.

앞서 소개했던 에릭 리스의 『린 스타트업』이 2011년 출간되면서 업계 전반에 화제와 변화를 불러일으켰다. 큰 자금과 인력이 드는 본격적인 개발에 앞서 가설을 세우고 검증하고 개선하는 과정을 반복해 제품 개발 과정에서 낭비를 최소화해야 한다는 에릭 리스의 주장은 강력한 설득력을 갖고 있었다. 과거의 영광에 집착하며 경직된 경영 방식을 고수하여 변화하는 환경에 적응하지 못하고 경제적으로 위기를 겪고 있었던 많은 일본 기업들은 린이라는 방식에 큰 관심을 가졌다. 2013년쯤부터는 일본 여기저기서 린에 대한 워크숍이나 세미나가 개최되기 시작했다.

내 생각에도 린이라는 사고방식은 일본에 꼭 필요했다. 기존의 일본 기업에서 무엇을 개발할지 결정하는 것은 모두 상급 관리자들이었다. 사원들은 시키는 것을 묵묵히 만들어내야 했기에 창의성을 발휘할 기회가 많지 않았다. 개발 도중에 문제점이

계획이 실패가 되지 않게

발견되어 사양을 수정하는 등 변경이 필요한 상황에서도 반드시 과장, 부장, 본부장으로 이어지는 결재 루트를 거쳐 도장을 찍어야 했다. 당연히 항상 의사 결정이 느렸다. 심지어 1년이 넘게 진행되어 이미 개발이 다 끝난 프로젝트를 그제야 수지타산이 맞지 않으니 중지하겠다는 윗선의 결정이 내려올 때도 있었다. 이런 식으로 수많은 실무자들의 노력이 배운 것 하나 없이 헛수고로 돌아가는 일은 흔하게 있었다.

실무 레벨에서 만들고, 검증하고, 학습하는 피드백 루프를 실천해야 한다는 린 방식을 일본의 조직에 제대로 도입하려면 더 많은 결정권을 실무자에게 필수적으로 쥐어줘야 했다. 하지만 많은 일본의 기업들이 원했던 것은 실리콘밸리의 스타트업과 같이 혁신을 이끌어낼 수 있는 체질로 거듭나기 위한 근본적인 조직 개혁이 아니라, 마법과 같이 한순간에 모든 것을 해결해줄 수 있는 '원칙'이나 '공식'을 전수받는 것이었던 듯하다. 체중을 감량하려면 운동을 하고 식이 조절을 하는 것이 왕도라는 것을 우리 모두가 알고 있지만, 그런 노력을 하고 싶지 않기에, 복용하기만 하면 한 번에 살을 5킬로그램씩 뺄 수 있다는 약을 찾는 것처럼 말이다.

린을 기업에 적용한다는 것은 실패를 두려워하지 않고, 신속하게 의사 결정을 내리고, 직급보다도 개발이나 디자인, 리서치와 같은 전문성과 수평적인 커뮤니케이션을 중요시하는 문화를 만들어나간다는 뜻이다. 하지만 기업의 문화를 바꾸는 고된 노력이 엄두가 나지 않았던 일본의 많은 IT 업계 사람들은 살을 단번에 빼줄 수 있다는 특효약을 얻고 싶어 했고, 린의 수많은 실행 방법 중 하나인 '린 캔버스lean canvas'에 주목했다. 린 캔버스는 기업이 해결하고자 하는 문제와 해결책에서부터 비용과 수익 구조, 핵심 지표와 경쟁 우위에 이르기까지의 아홉 가지 항목을 한 장의 종이에 표시하여 한눈에 파악할 수 있도록 하는 것이다. 린 방식대로 문제를 해결하고 싶을 때 참고할 수 있는 하나의 도표로, 생각을 돕는 도구로서의 개념이었다. 그런데 많은 동료들이 마치 린 캔버스만 그리면 기업이 하루아침에 변신할 수 있을 거라는 신앙이라도 생긴 양, 린의 다른 부분은 제쳐놓은 채 린 캔버스 그리기에만 몰두하기 시작했다.

당시에 재직하고 있었던 야후 재팬은 특히 이런 경향이 심했다. 인터넷 초창기부터 검색과 뉴스 등의 포털 서비스를 제공하여 압도적인 존재감을 가진 기업이었지만, 모바일의 시대에 적응하지 못하고 구글에 시장 점유율을 빠르게 빼앗기고 있었다. 사내에서는 뭐라도 해야겠다는 조급함이 느껴졌고 린이든 무엇이든 뜨는 방법론을 가져와 소개해보자는 움직임도 일어났지만, 누구도 회사에 만연한 매너리즘을 근본적으로 타파할 생각은 없어 보였다.

그러던 어느 날 린 도입에 대해서 논의하겠다는 미팅에 초대를 받아 참가했다. 그 미팅은 『린 스타트업』에 적힌 내용을 그대로 암송하면서 린 캔버스를 따라 그리는 모임이 되어 있었다. 나는 틀만 맹신하는 듯한 교조주의적인 분위기가 무척 불편해 결국 말을 꺼냈다. "애초에 '린'은 불확실성이 큰 스타트업을 전제로 두고 제안한 방식인데, 야후 재팬 같은 대기업에서 '린'을 도입할 때 그러한 맥락을 무시하고 단순히 린 캔버스만 그린다고 해서 될까요?" 그러자 모임의 분위기가 일순간 싸늘하게 식었다.

린 캔버스의 열기는 대단했다. 어디 가서 나 자신을 UX 디자이너라고 소개하면 "오오, 그러시구나. 린 캔버스 그릴 줄 아세요?"라는 질문이 돌아왔고, 사내에서도 하루에 한 번은 "린 캔버스 아세요?", "린 캔버스 그려보셨어요?"와 같은 질문을 받았다. 대체 왜 이렇게 다들 린 캔버스에만 집착할까 싶었다. 에릭 리스가 보았어도 답답하게 생각했을 것이다.

지금에 와서 생각하면 그 이유를 알 것 같다. 그건 바로 다들 스스로 생각하는 것과 매사에 그 이유를 찾아보는 것을 귀찮게 여겼기 때문이다. 왜 린인가? 린으로 얻고 싶은 성과는 무엇인가? 린을 도입하려면 사내 조직 구조와 문화를 어떻게 개혁해야 하는가? 이런 문제에 대한 답을 생각하기만 해도 머리가 아픈 이들에게, 린 캔버스는 너무나 달콤한 해결책처럼 보였을 것이다. 전체적인 맥락에 대한 탐구를 게을리하며 편리한 하나의 교리에만 집착하는 태도는 복잡한 세상에 존재하는 다양한 문제를 해결해주지 못한다. 그래서 우리는 교조주의를 경계하고 스스로 생각하고 경험하면서 나에게 맞는 방법을 찾을 줄 알아야 한다.

나만의 도구로 만들기

이 책을 읽고 독자들이 'OKR이야말로 내가 찾던 방법이야! 당장 내일부터 시작해봐야지'라고 생각해준다면 나는 정말로 기쁘고 감사할 것 같다. 하지만 이 책에서 제시하고 있는 내용을 그대로 외워 실행한다고 해서 독자들의 문제가 한순간에 눈 녹듯 사라져버린다거나, 마법처럼 의지력이 강화되며 좋은 습관이 정착될 것이라고 보장할 수는 없다. 모든 방법론은 도구에 불과하며 하늘에서 내려와 바위에 새겨진 교리가 아니라는 것을 이해하고, 이 책에서 얻은 것을 자신의 삶에 맞게 변형하여 적용하는 유연성이 필요하다. 린 캔버스의 사례에서 보았듯이, 지나치게 단편적인 방법론 하나에 매몰된 사람들은 본래 자신이 달성해야 하는 목표가 무엇인지 보지 못하고 방향성을 잃어버리게 되기 때문이다.

이 책에서 소개한 모든 내용을 순서에 맞춰 그대로 따르려 애쓰기보다는 우선 가장 인상에 남았던 것 몇 가지를 실제 삶에 도입해보면 어떨까. 그러기 위해서는 지금 자신이 안고 있는 문제점은 무엇인지, 자기 계발을 즐기지 못하는 것인지, 일이 괴로운 것인지, 습관을 형성시킬 줄 모르는 것인지, 관리 기술이 부족한 것인지 성찰해보면 도움이 된다. 그다음, 목표를 설정하고 달성하기 위한 길에 놓인 가장 큰 장애물이 무엇인지 생각해보고, 이 책의 내용을 참고해 그 장애물을 치우는 것부터 시작해보자.

실리콘밸리의 창업자들은 OKR을 적용할 때 세 가지 정도의 목표를 설정하면 좋다고 했다. 하지만 직장 생활이 바빠 3개의 목표가 벅차다면 하나부터 시작해도 좋다. 크리스티나 워드케는 월요일에 점검을 하고 금요일에 축하를 하는 루틴을 만들어보라고 했지만, 매일매일 점검하는 것이 더 성격에 맞는다면 그렇게 해도 된다. 하나의 목표에 핵심 결과는 3개 정도를 설정하면 좋다고 소개했지만, 한 가지 지표를 추구하는 것이 자신의 상황에 더 맞는다면 하나만 설정해도 상관없다. 남들이 권하는 세부적인 방식은 어디까지나 참고사항일 뿐, 자신에게 맞는 방식이 무엇인지는 독자들이 직접 체험해보며 찾는 수밖에 없다. OKR을 경직된 공식으로 받아들여 완벽한 방식으로 재현하려 하기보다는 자신의 삶을 개선하기 위한 지침이라 생각하고, 부분적이라도 좋으니 필요한 부분만 취사선택해서 사용하는 것이 어쩌면 더 효과가 좋을 수도 있다.

나는 OKR이 다른 목표 관리 방법론에 비해 탁월한 점이 많다고 생각한다. 누구나 바로 시작할 수 있을 정도로 간단하고, 꾸준히 실천하기 쉽게 설계되어 있으며, 자신의 한계를 시험하도록 하여 성장을 유도하기 때문이다. 하지만 나 역시 OKR을 여러 번 삶에서 활용하면서 많은 시행착오를 거쳤고, OKR이 단번에 완벽하게 작동하게 하는 것은 무척이나 어렵다는 것도 알게 되었다. 그렇기 때문에 이 책에서 소개한 내용을 참고해 작게 시작하고 맞지 않는다고 느꼈다면 문제점을 개선해 다시 시도해보기를 권한다. 다시 한번 강조하자면, OKR은 마법의 지팡이가 아니라 하나의 도구이다.

독자들이 이 책뿐만이 아니라 도움이 되는 서적과 자료를 찾아 읽으며 시중에 소개되어 있는 다른 방법론에 대해서도 알아보고, 다양한 관점과 경험담을 폭넓게 접했으면 좋겠다. 그렇게 다양한 도구를 서랍 속에 넣어두고, 필요할 때 적절한 서랍을 열어 자신에게 딱 맞는 도구를 꺼내 쓸 수 있는 사람이 되길 바란다. 도구를 개조해서 새로운 도구를 만들 줄 아는 능력까지 갖춘다면 더욱 좋겠다.

IT 업계에는 특정 기술이나 방법론을 전파하는 역할을 담당하는 '에반젤리스트'라는 타이틀이 있다. 직역하면 '전도사'라는 뜻이다. 기업에서 홍보를 목적으로 이러한 직책을 부여하는 경우도 있지만, 남들보다 앞서 새로운 문물을 접하고 퍼뜨리는 것을 좋아하는 사람들이 스스로를 에반젤리스트라 칭하기도 한다. 하지만 나는 이 용어가 완전히 틀렸다고 생각한다. 용어는 우리의 생각을 정의하기 때문에 되도록 바르게 사용하고자 노력해야 한다. 교리가 아닌 것을 '전도'한다고 표현하는 것은 맞지 않는다고 생각한다. 안 그래도 방법론을 일차원적으로 받아들여 문자 그대로 실행하지 않으면 안 된다고 주장하는 사람들이 많기 때문에 좋은 방법론을 권할 때에는 종교적이기보다는 실용적이고 열린 자세가 필요하다.

혹시 여러분이 이 책을 읽고 OKR을 삶에서 체험해본 결과, 좋은 성과를 내는 데 도움을 받았다면 'OKR 에반젤리스트'가 되기보다는 'OKR 실험가'가 되어, 자신이 경험한 내용과 성공한 점, 실패한 점을 구체적이고 생생하게 다른 사람들에게 전해준다면 나는 더 바랄 바가 없다.

Chapter 17

지속
가능한
삶

버티는 것이 답인 줄 알았다

나는 아직도 고등학교 시절의 꿈을 꾼다. 분명히 알람을 맞춘
것 같은데 일어나 보니 너무 늦어 지각 확정이라거나, 기말 시험
공부를 다 하지 못했는데 시험을 보아야 해서 안절부절못하다
가 깨어나면 '아 꿈이었구나, 정말 다행이다' 하고 안도감을 느
끼는 일이 자주 있다. 그만큼 고등학교 시절의 스트레스가 컸던
모양이다.

내가 실제로 가장 힘들었던 것 중에 하나는 야자, 즉 야간 자
율 학습이라 부르지만 '자율'적인 요소는 눈을 씻고 보아도 찾아

볼 수 없었던 강제 타율 학습이었다. 아침 등교 시간 역시 7시 반으로 가혹해서 새벽같이 일어나 나갈 준비를 하고 등교를 해야 했기 때문에 정작 수업 시간에는 책상에 코를 박고 잠이 드는 일이 부지기수였다. 무엇보다 밤 8시가 넘어가면 공부하는 내용이 머리에 전혀 들어오지 않아 이럴 거면 빨리 집에 가서 자는 것이 낫겠다는 생각뿐이었다.

선생님에게 진지하게 의견을 내본 적도 있었다. 하루 종일 학교에 있어봤자 학습 능률이 오르지 않으니 적어도 밤 8시쯤에는 집에 가고 싶다고 호소하자 선생님은 황당하다는 듯 웃으며 야자를 끝내는 시간을 네 맘대로 정하는 게 어디 있냐고 말했다. "헛소리하지 말고 빨리 교실로 돌아가 공부해."

책상에 오래 앉아 피땀 흘리면 결국 승리한다는 신화. 옛날이야기 같지만 그렇지도 않다. 얼마 전에 노량진에서 고시 공부를 하는 학생들의 일과를 다룬 다큐멘터리를 보았는데, 옛날 그대로였다. 밥 먹는 시간이 아까워 선 채로 끼니를 컵밥으로 때우며 인기 과목을 수강하려고 새벽 4시에 일어나는 공시생들의 모습을 보면서 안타까운 마음부터 들었다. 학생 시절에 체화한 잘못된 통념은 평생의 습관이 된다. 매사에 시간과 노력을 태워가며 죽기 직전까지 자신을 몰아붙이는 방식을 성인이 되

계획이 실패가 되지 않게

어서도 버리지 못한다면 그 뒤에 기다리고 있는 것은 번아웃일 뿐이다.

한국에서 자라고 교육받은 나 역시 잠을 줄여가며 필사적으로 공부하고 일하는 것이 올바른 노력이며 근면함의 증표라는 사고방식에 젖어 있었다. 대학원에서는 밤을 새워 연구를 하고 논문을 썼고, 취직하고 나서는 밤늦게까지 회사에 남아 일을 하면서 나의 가치를 증명하고 단기간에 눈에 띄는 성과를 많이 내기 위해서 애를 썼다. 20대 중반까지는 이렇게 살아도 크게 문제가 되는 일은 없었다. 당시에는 정신적 에너지가 무한한 자원이라고 생각했고 그렇게 힘들게 노력한 결과 입시와 취직에서 성공했기에 그것만이 맞는 방법이라고 생각했다. 하지만 에너지를 과도하게 소비하면서 무리하게 끌고 가는 생활이 길어지자 나의 에너지 저장고는 바닥이 나고 말았다. 부채를 끌어 쓴 기업이 파산을 하듯이 내 몸과 마음도 멈춰버려, 움직일 수조차 없는 번아웃 상태에 빠져들고 말았다.

번아웃을 경험해본 적 없는 사람이라면 그 무서움을 제대로 이해하기 힘들 것이다. 심신의 에너지가 모두 고갈되어 소진 상태에 이르면 아침에 일어나 몸을 일으킬 힘도 없다. 무슨 일을 하든지 조금만 신경을 쓰면 금세 극도로 피로해져 짜증이 나고 우울한 감정에 빠져들고 만다. 마치 연료 탱크에 구멍이 난 비행기와 같다. 연료가 줄줄 새는 상태에서는 어디로도 비행할 수 없다. 이렇게 번아웃 상태에 빠지면, 회사에 갈 힘이 없는 건 물론이고 삶을 영위할 기력조차 쥐어짜내기가 쉽지 않다. 매사에 에너지 부족으로 허덕이며 밥 한 술 뜨거나 내 몸을 씻는 기본적인 일도 제대로 할 수 없으니 결국에는 살아갈 의지마저 상실하고 만다.

나는 번아웃으로 휴직계를 내고 아무것도 할 수 없어 침대에 누워 이런저런 생각을 하다가, 도저히 이런 식으로는 평생을 살 수 없다는 생각이 들었다. 그동안 내가 강박적으로 휴식 시간을 깎아내고 소모적인 노력을 하면서 살아왔던 이유에 대해서도 곰곰이 생각해보았다. 그렇게 치열하게 살았던 것은 내가 능력 있는 사람이라고 남들에게 증명하는 방식이었다. 실패를 경험하게 된다면 충분히 노력하지 않은 결과처럼 느껴져 크게 상처받을 것 같았다. 그런 불안을 해소하고자 더욱 자신을 괴롭히는 노력을 해왔다. 나 자신을 믿지 않았기에 자존감이 결여된 부분을 고생스러운 노력으로 채우려 들었던 것이다.

계획이 실패가 되지 않게

불행하지 않은 삶의 방식을 찾아

두 차례의 심각한 번아웃과 휴직 기간을 거치고 나서 더 이상 이런 일을 겪지 않기 위해서는 어떻게 해야 할지 생각해봤다. 나에게 급한 건 나 자신을 좀 더 사랑하고 보듬어주는 일이었다. 남들이 나를 어떻게 생각할지에 집착하며 보여주기 식의 노력을 하는 데에 나의 귀중한 시간과 에너지를 쓰는 것은 너무 아깝게 느껴졌다. 그 대신 내가 정말로 좋아하고 즐길 수 있는 일을 찾아 집중하기로 했다. 또 지금까지와 같이 갖고 있는 연료를 모두 땔감으로 던져넣고 태워가며 추진력을 얻으려 하지 않기로 했다. 일상에서 적정량의 연료만 사용하는 동시에 충분한 연료 공급을 해서 내가 가진 에너지 레벨을 유지할 수 있도록 하는 '지속 가능한 삶'에 대한 탐구가 필요했다.

'지속 가능성'은 환경 보호와 관련된 이슈에서 많이 사용되는 용어이다. 지금과 같이 인류가 탄소를 배출하며 유독한 물질을 바다에 버리고, 화석 연료를 태우며 경제를 성장시키려 한다면 언젠가 지구는 폐허가 되고 말 것이라는 위기의식에서 생겨난 된 개념이 '지속 가능한 경제 발전'으로, 미래에도 지구의 환경과 생태계를 보존할 수 있는 범위 안에서 경제 성장을 도모하는 것을 뜻한다.

나 역시 플라스틱 식기 사용을 줄이고 장바구니와 텀블러를 들고 다니며 쓰레기를 줄이려고 노력하고 있었는데, 어느 날 환경뿐만 아니라 내 삶도 지속 가능한 방식으로 바꾸어 나가야겠다는 생각이 들었다. 나의 삶이 마치 화석 연료를 캐내어 있는 대로 태워 쓰다가 황폐해진 지구 같다는 생각이 들었기 때문이다. 취직을 하고 이직을 할 때마다 내가 감당할 수 있는 것보다도 많은 에너지를 끌어 쓰다가 소모되어 번아웃 상태에 빠지는 것을 반복할 수는 없었다. 그러지 않으려면 시간을 효율적으로 쓰는 것만이 답이었다.

지속 가능한 삶을 살기 위해서 가장 먼저 시작한 것은 하루에 8시간 이상 일하지 않는 것이었다. 늦게까지 회사에 남아 야근을 하다 보면 집중해서 한두 시간 안에 끝마칠 수 있는 일도 한참을 붙잡고 있기 마련이었고, 퇴근을 하고 나면 피곤해서 제대로 밥을 챙겨 먹는 것조차 힘들었다. 주위 사람들의 눈치를 보는 것을 목숨보다 중요하게 여기는 일본의 기업에서 정시에 짐을 챙겨 쌩하고 사라지는 일은 사실 쉽지 않았다. 그렇지만 마음을 굳게 먹고 칼퇴근을 시작하니 주위에서도 '쟤는 원래 일찍 퇴근해'라는 인상이 굳어진 것 같았고 딱히 뭐라 하는 사람은 없었다. 또 야근을 하지 않는 만큼 업무 시간에 집중해서 일을 끝마

계획이 실패가 되지 않게

치게 되었고, 다들 '쟤는 매일 칼퇴근하긴 해도 할 건 다 하고 퇴근해'라는 식으로 나의 새로운 습관을 긍정적으로 평가했다.

워라밸 이야기가 나온 지도 꽤 지났지만 많은 회사들은 자나 깨나 일만 생각하고 회사에 오래 붙어 있는 워커홀릭의 삶을 여전히 미덕으로 바라본다. 하는 일 없이 밤까지 회사에 눌러앉아 있었다는 이유만으로 상사에게 높이 평가받고 모범적인 사원이라며 떠받들리기도 한다. 하지만 내가 그동안 업계에서 자칭 워커홀릭들을 지켜본 바에 의하면, 그들의 업무 스타일은 관리 능력의 부족을 드러내고 있을 뿐이다. 오늘 언제까지 무엇을 끝마쳐야 하는지 미리 계획하고 실행할 수 있는 능력이 없기에 정시에 일이 끝나지 않는 것이고, 그렇게 주먹구구식으로 일을 하다 보니 밤이 되도록 업무를 붙잡고 있을 수밖에 없다.

가끔가다 정말로 에너지가 풍부해서 아무리 연료를 파내고 불태워도 끄떡없는 사람들도 있기는 했다. 이렇게 선천적으로 풍부한 에너지를 가진 이들은 번아웃이 뭔지, 수면 부족이 뭔지 잘 이해하지 못했고 하루에 3시간씩 자고 일주일에 100시간씩 일하면서도 지치지 않았다. 하지만 그런 체질을 가진 사람들은 극소수이다. 한정된 체력을 가진 대다수의 직장인들이 이들을 흉내 냈다가는 몸을 망가뜨릴 수 있다.

적게 일하자 일을 잘하게 되었다

나는 효율적으로 일할 줄 알아서 야근을 그만둔 것이 아니다. 오히려 야근을 그만두자 업무 시간 내에 일을 마치는 법을 배우게 된 것이다. 그렇다고 8시간 내내 일에 완벽하게 몰두한 것도 아니었다. 인간은 하루 8시간씩 집중할 수 없다. 대신 4시간 정도는 온전히 집중해서 일했는데 그것만으로 그날의 핵심적인 업무는 대체로 마무리할 수 있었다. 나머지 4시간은 이메일을 읽거나, 동료와 업무를 공유하고 가벼운 피드백을 주고받는 등 머리를 덜 쓰는 일로 채우는 식으로 하루를 계획해도 한 사람 분의 일을 끝마치는 데에는 전혀 문제가 없었다.

'뭐? 하루 4시간? 겨우 그것만 일하고 어떻게 사회생활을 해?' 많은 직장인들이 이렇게 반응할지도 모르겠다. 하지만 몰두해서 업무를 처리하는 4시간은 대부분의 직장인들이 적당히 흘려보내는 12시간보다도 생산성이 훨씬 높을 수 있다. 휴식의 중요성을 다룬 서적 『일만 하지 않습니다』에서는 하루에 4시간씩만 일하고도 어마어마한 성취를 거둔 과학자와 예술가의 사례를 다수 소개하고 있다. 대표적으로 찰스 다윈은 90분씩 시간을 쪼개 하루에 3번만 일을 하면서도 『종의 기원』을 써냈다. 호주 출신의 작가 피터 케리는 "하루 작업 시간은 3시간이면 족하다"라고 말하며 총 13편의 소설을 썼고 그중 두 편은 맨부커 상을 수상했다. 스티븐 킹도 4시간에서 6시간 정도 독서하고 글을 쓰는 일과를 가리켜 '격렬한 하루'라 묘사하였으며, 노벨 문학상을 수상한 앨리스 먼로도 오전 8시에서 11시까지만 글을 썼다.

1950년대 과학자들의 연구 생활을 조사한 바에 따르면 학자들이 연구실에 머무는 시간과 그들이 발표한 논문의 개수는 정비례하지 않았다고 한다. 주당 10~20시간에서 생산성은 정점을 찍었고, 주당 60시간 이상 연구를 하는 연구자들은 성과가 가장 낮은 것으로 나타났다. 가장 생산적인 연구자들은 연구실에 10~20시간 머물렀고, 집이나 다른 곳에서 연구하는 시간을 합쳐 일주일에 25~38시간 일을 했다고 하는데, 일주일에 6일을 일했다고 하면 하루 평균 4~6시간이 나온다.[30]

이쯤 되면 한국인들이 믿어 의심치 않는 장시간의 노력이 성공을 가져다준다는 믿음은 하나의 거대한 미신에 불과한 것은 아닐까. 하루에 12시간 일하는 것보다 4시간 일하는 것이 더 생산적일 수 있다는 사실은 직감적으로는 잘 와닿지 않는다. 하지만 무리해서 수면 시간을 줄이고 장시간 일하는 생활보다도, 짧은 시간에 몰두해서 일하고 나머지 시간을 잘 쉬고 즐겁게 보내는 생활이 판단력과 집중력을 온전히 활용할 수 있어 결과적으로 더 나은 성과를 가져온다. 충분한 잠과 적극적인 휴식은 시간 낭비가 아니다. 이 시간들은 오히려 우리의 삶을 풍요롭게 해주고 일을 더 잘할 수 있도록 보완해준다. "성과를 결정하는 것은 시간의 양이 아니라 주어진 시간을 사용하는 능력에 달려 있으며" 이런 능력은 수면과 휴식을 적절하게 활용하여 극대화시킬 수 있다. [31]

에너지 사용의 황금비율

연료를 캐내고 숲에 불을 질러 황폐해진 지구를 다시 푸르게 만들기 위해서는 엄청난 비용을 치러야 한다. 번아웃도 마찬가지이다. 한번 번아웃 상태에 놓이면 다시 회복하는 데에는 엄청난 시간과 비용이 필요하며, 이전의 건강했던 상태로 백 퍼센트 복귀하는 것은 거의 불가능하다. 따라서 나의 심신을 지키기 위한 가장 좋은 방법은 애초에 번아웃 상태에 놓이지 않도록, 일상에서 지나치게 연료가 소모되지 않도록 나를 지켜보고 관리하는 것이다. 그러려면 정해진 시간에는 열심히 일하면서도 수면과 휴식에 시간을 충분히 할애하여 균형 잡힌 일상을 보낼 수 있도록 일상을 조화롭게 설계하는 것이 중요하다.

내 경우, 하루에 무언가에 집중하고 몰두하여 최상의 성과를 끌어낼 수 있는 시간은 4~6시간을 넘지 않는다. 그 이상 격렬하게 머리를 써야 한다면 피곤해서 금세 녹초가 되고 만다. 리서치 결과를 분석하여 보고서를 작성하는 일이나 회의에서 발표하는 일, 글을 쓰거나 외국어를 공부하는 일은 에너지를 많이 잡아먹으며 뇌를 금방 지치게 한다. 하지만 같은 업무라도 머리를 별로 쓰지 않는 이메일 읽기나 단순한 배너를 만드는 작업 등은 훨씬 부담이 덜하다. 같은 인풋 활동이라 하더라도 영어로 된 전문서나 보고서를 읽는 일보다는 소설이나 에세이를 읽는 일, TV를 보거나 팟캐스트를 듣는 일은 오래 지속해도 크게 힘들지 않다.

나는 이렇게 피로도에 따라 활동을 분류하여, 가장 머리를 많이 써야 하고 에너지를 크게 소모하는 일은 하루에 최대 6시간만을 할애하고, 나머지 시간은 단순한 작업을 하거나 휴식 또는 운동을 한다. 이렇게 다양한 활동의 특징을 인식하고 단시간에 너무 많은 에너지를 소모하는 것을 방지하면서도 효율을 극대화할 수 있도록 하루의 계획을 세워보는 게 좋다.

다양한 종류의 활동을 조합해 하루를 계획할 때에 가장 중요한 것은 활동 A에 지나치게 많은 시간을 쏟지 않는 것이다. "만

	세부 활동	소요 시간
활동 A (격렬하게 머리를 쓰는 일)	리서치 결과 분석, 전문서나 보고서 숙독 및 요약, 대형 미팅 참석 및 발표, 외국어 공부, 글쓰기	최대 4~6시간
활동 B (머리를 별로 쓰지 않는 일)	단순한 디자인 작업, 이메일 확인하기, 비즈니스 미팅 참석, 소설이나 에세이 읽기, TV 보거나 팟캐스트 듣기	4~6시간 이상
활동 C (적극적으로 몸을 쓰는 일)	청소, 수영, 빈야사나 하타 등 격렬한 요가	1시간 정도
활동 D (적극적인 휴식)	명상, 스트레칭, 혹은 정적인 요가, 산책하기, 멍하니 있기	1~2시간 이상
수면	낮잠 자기, 숙면하기	7~9시간

하루 활동표

화책 읽을 시간에 교과서를 한 쪽 더 봐라!", "5시간 자면 떨어지고 4시간 자면 합격한다" 같은 이야기를 듣고 자라다 보니 어느새 일이나 공부에 성과를 내기 위해서는 휴식이나 수면은 반드시 희생해야 한다고 믿게 된다. 하지만 휴식이나 수면을 충분히 취해야 활동 A의 효율을 높게 유지할 수 있다. 앞서 아이디어 생산법에서 설명했듯이, 좋은 아이디어를 만드는 방법은 양질의 휴식을 취해 무의식이 움직이도록 하는 것이다. 아이디어를 짜내겠다고 책상 앞에 14시간을 내리 앉아 있다고 해서 "유레카!"의 순간이 저절로 찾아오지는 않는다. 몸과 마음이 지치고 피곤할수록 좋은 생각은 그만큼 멀어진다. 집중력과 영감, 새로운 시각을 위해서라도 휴식은 필수이다.

수면도 마찬가지이다. 많은 사람들이 잠을 줄여서라도 일이나 공부에서 더 큰 성취를 거두고 싶어 하지만,『일만 하지 않습니다』에서는 자는 동안 뇌가 "기억을 합하고, 신체를 회복하며 손상된 세포를 치유하고, 뇌의 노폐물을 배출"해준다는 연구 결과 또한 소개한 바 있다.[32] 수면 부족 상태가 장기화되면 우리의 반사 능력과 의사 결정 능력, 학습 능력과 같은 인지 능력뿐만 아니라 면역력 등의 신체 기능도 크게 떨어지게 된다. 아마존의 CEO 제프 베조스도 자신이 내리는 의사 결정의 질을 높이기 위해서 반드시 하루에 8시간 이상 잔다고 한다.[33] 이처럼 수면은 일의 능률과 직결되어 있다.

또한 적극적으로 몸을 쓰는 활동 C나 의식적으로 생각을 비우며 심신의 휴식을 취하기 위한 활동 D도 체력을 유지하고, 일상의 스트레스를 해소하며, 창의성을 증폭시켜주는 중요한 활동이다. 적어도 하루에 1시간 이상은 머리를 비우고 일에서 완전히 분리된 시간을 보낸다면 격렬하게 머리를 쓰는 활동 A에서 비롯된 피로와 짜증을 홀홀 털어버릴 수 있을 것이다.

오랜 시간 행복한 인생을 기대하며

지속 가능한 삶을 영위하기 위해 중요한 또 다른 마음가짐은 인생을 긴 호흡으로 바라보는 여유를 가지는 것이다. 10대에 반드시 좋은 대학에 들어가야 하고, 대학을 졸업하기 전에 스펙을 갖춰 좋은 직장에 취직해야 하고, 30대가 되면 남들처럼 집과 차가 있어야 하고 과장 정도는 달아야 인정받는 한국 사회에서는 모든 일에 데드라인이 임박한 것처럼 느껴진다. 이는 결국 모두가 막대한 스트레스를 받게 되는 결과를 가져온다.

나이에 집착하고 지나치게 빨리 노화를 말하는 것도 이런 현상의 연장선상에 있는 현상 아닐까. 스물다섯 살쯤 되면 "우린 벌써 늙었어", "꺾인 서른이야"라는 말을 농담처럼 주고받기 시작하고, 서른 살이 넘어가면 마치 인생이 끝난 것처럼 굴며 새로운 것에 도전하는 것을 체념하는 사람이 생각보다 많다. 심신의 능력이 정점을 찍는 시기는 20대라면서, 지금 다 늙은 우리 나이에 일을 벌려봤자 의미가 없으니 그냥 다 포기하고 앞으로 올 인생의 내리막길을 적당히 살겠다는 동년배들의 무심한 한마디에 놀란 적도 많다.

뇌의 기능이 20대에 정점을 찍는다는 믿음은 앞으로의 인생에서 굳이 어떤 노력도 하고 싶지 않은 이들에게는 아주 좋은 변명거리가 되어줄 수 있다. 하지만 최근의 뇌과학 연구에 의하면 이것은 사실이 아니다. 뇌는 끊임없이 새로운 신경 세포를 만들어내고, 환경과 습관을 바꾸면 뇌도 그에 맞추어 바뀐다. 이를 뇌의 가소성이라 한다. 통념과는 달리 뇌는 60대가 넘어서도 끊임없이 발전하며 능력을 향상시킬 수 있다는 연구 결과도 다수 존재한다.[34]

서른이 넘자 "난 이제 다 늙었으니 아무것도 못 할 거야"라고 생각한 사람과 "죽을 때까지 내가 좋아하는 일을 하면서 살아야지"라고 생각한 사람의 삶은 평생에 걸쳐 얼마나 큰 차이가 벌어질까. 사람은 아무리 나이를 먹어도 변화할 수 있으며, 뇌는 가소성이 있어 우리의 인지 능력과 행동도 지속적으로 진보할 수 있다. 나이가 든다고 해도 우리가 포기하지 않는 한 뇌는 거기서 멈추지 않는다. 시간이 내 편이라 믿고 오랜 기간에 걸쳐 쌓아올린 작은 노력들은 언젠가는 우리를 원하는 모습으로 만들어줄 것이다.

나도 20대에 또래의 천재 작가들이 저명한 문학상을 수상하는 것을 보면서 생각했다. '역시 저런 천재들이나 글을 쓰는 거지, 나 같은 평범한 사람이 어떻게 글을 쓰고 책을 내겠어.' 하지만 아무도 읽어주지 않는 블로그를 꾸준히 썼다 지우는 것을 반복하며 긴 시간이 흐르자 차차 세상에 전하고 싶은 이야기가 쌓여갔다. 이후 나는 마흔이 다 되어서 글을 쓰고 출판을 하는 작가가 될 수 있었다.

당신의 사명, 삶의 목표, 궁극적으로 되고 싶은 모습을 항상 머릿속에 그려보고, 그것을 이루기 위해 긴 시간을 투자해보자. 서른 안에 뭐라도 되어보겠다고 무리를 해서 번아웃에 빠지는 것보다 인생을 60대, 70대, 80대까지 사용할 수 있는 긴 지평으로 보는 것이 대부분의 사람들에게는 더 유리한 전략일 것이다.

미디어에서는 20대에 요절한 커트 코베인이나 에이미 와인하우스, 바스키아 같은 천재들의 모습을 반복해서 보여주며 환상을 불어넣지만, 수많은 천재들이 80세가 넘도록 적극적으로 활동하며 활기차게 살았다는 사실은 별로 알려져 있지 않다. 나이가 든 뒤에는 더 이상 의미 있는 학술적인 업적이나 예술적인 성취를 이룰 수 없다면 베스트셀러 작가들은 모두 다 청년이어야 할 텐데, 정작 가장 활발하게 작품 활동을 펼치는 이들이 중

계획이 실패가 되지 않게

장년 이상의 작가들이다. 이것만 보아도 오랜 시간에 걸친 꾸준한 노력의 중요성을 알 수 있다.

　기억을 잃은 스파이 이야기인 '본 시리즈'를 집필한 작가 로버트 러들럼은 마흔의 나이에 소설을 쓰기 시작했고, 『드라큘라』를 쓴 브램 스토커도 마흔세 살에 영감을 얻어 그 이후 6년간 집필에 몰두한 끝에 명작을 출간했다. 하지만 이들의 성취는 갑자기 이루어진 것이 아니었다. 로버트 러들럼은 배우와 프로듀서로 일하면서 200개 이상의 작품에 참여하였고, 브램 스토커는 더블린 성에서 공무원으로 일하며 틈틈이 글을 썼다. 긴 시간 동안 조금씩 쌓아올린 인생 경험이 마흔이 넘어 뛰어난 작품의 형태로 빚어진 것이다.

　미국의 화가 애나 메리 로버트슨 모지스는 76세에 처음 그림을 그리기 시작해 3600점에 이르는 작품을 남겼고, 커널 샌더스는 65세에 받은 노령 연금으로 켄터키 프라이드 치킨 사업을 시작했다.35 젊을 때 무언가 이루어야 할 것 같아서 무리하게 노력하지 않아도 우리의 인생은 충분히 길다. 되고 싶은 나의 모습과 나의 사명을 정했다면, 짧은 기간에 모든 것을 완벽하게 마무리 지으려 애쓰기보다는 장기간의 계획을 세워 작은 노력을 꾸준히 쌓고 불려보자.

내가
완성하는
성공의 공식

 내가 어렸을 때 이 책에 쓰여 있는 것들을 알았다면 얼마나 좋았을까? 내일 치러야 하는 시험을 위해 박카스를 마시고 밤을 새워 벼락치기를 하는 것보다, 미리 계획을 세우고 공부할 내용을 쪼개서 하루에 조금씩만 습득해나가는 편이 긴 시간이 흐른 뒤에는 더 큰 성과를 거둘 수 있는 방법이라고, 그때의 어른들이 말해주었다면 얼마나 좋았을까? 당시에는 우리 모두 마음이 급했다. 입시에서 실패를 한다면 너희들의 인생은 끝이라는 듯이 협박을 하던 어른들과 그에 휘둘려 시험 성적에 연연하다가 몸과 마음이 망가져가는 줄도 모르던 친구들 사이에서, 나 역시 고통스러운 노력만이 답이라는 생각으로 살았다.

그래서 나는 대학 공부를 마치고 취직을 하고 이직을 반복하는 과정에서 몸소 넘어지고 뛰어내리고 구르고 다치며 나에게 필요한 인생의 진리를 직접 찾아낼 수밖에 없었다. 많은 시간이 지나고 불혹의 나이가 되어 겨우 깨닫게 된 것은 흔하디흔한 남들의 이야기는 별로 나에게 도움이 되지 않는다는 것이었다. 피가 나도록 노력해서 대학에 가고 공무원이 되면 그 너머의 삶은 안온하기만 할 것이라는 거짓말, 남들과 똑같이 승진을 하고 내집과 차를 갖추는 것만이 행복이라는 고정관념에 속기도 하고 휘둘리기도 했지만, 시간이 지나고 보니 나에게 제일 중요한 것은 따로 있었다. 바로 내가 원하는 일을 하며 사는 것이다.

내가 원하는 일을 뚜렷하게 알고 나서 취업 전선으로 뛰어드는 사람은 극히 드물다. 공부와 일은 또 다르고, 대개 적성이란 일을 직접 해보아야만 알 수 있기 때문이다. 그래서 나는 아직 백 퍼센트 만족스러운 직업을 찾지 못했더라도 좌절하거나 실망하지 말고, 이 모든 것이 평생에 걸쳐 나에게 더 맞는 일을 찾기 위한 여정의 시작이라고 생각하길 권한다. 지금은 평생직장의 시대도 아니고 본업에만 매진해야 하는 시대도 아니므로, 다양한 일에 도전해보면서 내가 즐기며 몰두할 수 있는 일을 찾아볼 수 있다.

지금까지 남들의 목소리에만 이끌려 살아왔다면 나의 사명과 목표가 무엇인지 아무리 생각해도 답이 나오지 않을 수도 있다. 하지만 조급한 마음을 버리고 천천히 생각해보자. 일단 나 자신에 대해서 더 잘 알아봤으면 좋겠다. 나는 무엇을 할 때 즐겁고 행복한가? 무엇을 할 때 괴롭고 불행한가? 인생의 마지막 순간에 후회가 없으려면 어떻게 살아야 할까? 이 질문에 대한 답이 보인다면, 나 자신에게 즐겁고 행복한 방향으로 인생을 살아가 보자.

극단적인 사고를 하는 사람은 돈을 벌기 위해서 해야 하는 일과 내가 좋아하는 일은 절대적으로 상반된 것이라고 생각하기도 한다. 예를 들어 회사에 나가 서류 작업을 하고 상사의 잔소리를 듣는 것은 죽기보다 싫지만 돈을 벌기 위해서 어쩔 수 없이 해야 하는 일이며, 홍대 앞에서 버스킹을 하는 것은 돈은 되지 않아도 무엇보다 신나고 즐겁다는 식이다. 고통스러운 입시 공부로 배움의 포문을 연 많은 한국인들은 성적의 압박에 시달리다 보니 그 즐거움을 느낄 여유가 없어 이런 사고방식에 많이들 젖어들어 있다. 영어 문법만 달달 외우는 시험 공부를 하다 보면 영어가 왜 즐거운지 이해하기 힘들지만, 영어를 잘하게 되면 외

계획이 실패가 되지 않게

국인 친구들도 사귈 수 있고, 미국 드라마도 더 재미있게 볼 수 있으며, 해외 취업의 길도 열리게 된다.

이렇게 세상에는 즐거움을 주면서도 실생활에서 돈을 벌게 해주는 스킬이나 직업이 많고도 많다. 어떤 일을 잘하게 되면, 돈과 자아효능감은 저절로 따라온다. 월급이란 원래 고통을 인내한 대가라며 평생 합리화하며 살아간다면, 이렇게 실력과 뿌듯함, 또 그 보상이 선순환을 일으키며 점점 커져가는 경험은 절대로 할 수 없게 된다. 커리어에서 돈과 즐거움은 둘 다 중요한 것이며 무엇 하나도 버릴 필요가 없다.

하고 싶은 일을 찾고 목표를 세워서 그것을 달성하는 성공 경험을 반복하다 보면 점점 자신의 능력을 체감하게 되고, 그 자신 감을 토대로 다음번에는 더 큰 일을 해낼 수 있다. 실패를 했더라도 그 경험에서 무언가를 배웠다면 그것은 훌륭한 자산이 된다. 자기 자신을 대상으로 실험을 반복하며 매번 열정을 쏟아 무언가에 세게 부딪혀 확고한 진보를 이끌어낸 경험을 하고 나면, 그 후에 다시 퇴보하는 일은 거의 없다. 무언가를 정말로 잘하고 싶다는 강렬한 욕구가 있다면 이 책에서 소개한 많은 내용이 도움이 될 수 있을 것이라고 믿는다. 닥치는 대로 하는 노력이 아닌 타깃을 정확하게 노린 효율적인 노력으로 독자들이 원하는 곳으로 향하기를 바란다.

　나는 여러분이 원하는 인생을 살 효율적인 노력을 이끌 방법으로 OKR을 제시했다. 어떤 방법론도 마법의 지팡이는 아니라고 이미 말했다. 하지만 목표를 이루기 위해 OKR을 성실하게 적용하고 피드백 루프를 만들어낸다면, 그때그때 겪는 실패마저 결국 성공으로 가는 디딤돌이자 과정이 될 것이다. OKR은 바로 그 과정에 최적화되어 있는 방법론이다. OKR은 흔히 구글의 성공 방정식이라 불리기도 한다. 하지만 성공의 방정식은 OKR 그 자체가 아니다. 뚜렷한 목표와 구체적인 계획을 세우고, 꾸준한 실천을 장기간에 걸쳐 쌓아나가는 것이 진정한 성공의 방정식이다.

　성공 = (뚜렷한 목표 + 효율적인 계획 + 습관의 정착)
　× 시간에 의한 복리 효과

　피상적인 기법이나 공식에 휘둘리지 않고 성실함과 꾸준함을 지켜내기 위해서는 나의 내면의 소리에 집중해야 한다. 한때 알고 지냈던 사람이 별똥별과 소원에 대한 이야기를 들려준 적

　계획이 실패가 되지 않게

이 있었다. 별똥별이 떨어질 때 소원을 빌면 이루어진다고들 하는데 그 이유는 무엇일까? 그것은 별똥별에 슈퍼 파워가 있기 때문이 아니었다. 별똥별이 떨어지는 그 짧은 찰나에 떠올릴 수 있을 정도로 강렬하게 마음에 새긴 무언가라면 자신의 의지만으로도 충분히 실현시킬 수 있기 때문이라는 이야기였다. 평소에 자신이 뭘 원하는지도 모르는 사람이라면 별똥별이 떨어지는 그 짧은 순간을 놓치고 말 것이다.

아주 오래전 한 번 들었을 뿐인데도 이 이야기는 내게 깊이 각인되었다. 어쩌면 그래서 인생을 바꾸고 원하는 것을 이루는 일이 내 힘에 달려 있다고 더 굳게 믿게 되었는지도 모르겠다. 그렇게 내 손으로 개척해온 현재의 삶이 나는 꽤나 마음에 든다. 앞으로의 인생에도 좋아하는 일을 하면서 보내는 즐거운 시간이 기다리고 있을 것이라고 믿는다. 여러분도 별똥별이 떨어지는 그 짧은 순간에 떠올려서 외칠 수 있는 강렬한 소원을 하나씩 마음에 품고 살아가기를 바란다.

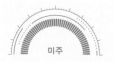

미주

Part 1

1 2014년 리디자인 콘퍼런스에 참가한 크리스티나 워드케의 발표 내용은 슬라이드셰어 사이트에 'Accomplish Big Goals With Objectives & Key Results(Cristina Wodtke)'라는 제목의 슬라이드에 정리되어 있다.

2 '주문형 창조'와 '불필요한 창조'라는 개념은 『루틴의 힘』에서 토드 헨리가 처음 제시한 개념이다. 댄 애리얼리 외, 『루틴의 힘』, 정지호 옮김, 부키, 2020.

3 2020년 3월 30일 방송되었던 〈EBS 다큐프라임〉의 '뇌로 보는 인간' 1부 '돈' 편에 소개된 실험을 참고해 정리했다.

4 '새해 결심 '작심삼일', 직장인 60% '올해도 확신 못 해.'' 커리어넷, 2020.1.9.

5 스티븐 기즈, 『습관의 재발견』, 구세희 옮김, 비즈니스북스, 2014.

Part 2

6   존 도어, 『OKR: 전설적인 벤처투자자가 구글에 전해준 성공 방
    식』, 박세연 옮김, 세종서적, 2019.

7   로버트 아이거, 『디즈니만이 하는 것』, 안진환 옮김, 쌤앤파커스,
    2020.

8   제이크 넵 외, 『스프린트』, 박우정 옮김, 김영사 2016.

9   OKR의 역사와 배경에 대해서는 『OKR: 전설적인 벤처투자자
    가 구글에 전해준 성공 방식』을 참고해 정리했다.

10 존 도어, 앞의 책.

11 존 도어, 앞의 책.

12 프로젝트 관련 지식 및 용어들의 정의는 PMI(국제 프로젝트 관
    리 협회)에서 제공하는 PMBOK® Guide 및 웹사이트에서 참고
    했다. https://www.pmi.org

Part 3

13 존 도어, 앞의 책.

14 사이먼 시넥, '위대한 리더들이 행동을 이끌어내는 법', TED 강
    의, 2009년 9월 촬영.

15 도널드 A. 노먼, 『도널드 노먼의 디자인과 인간 심리』, 박창호 옮 김, 학지사, 2016.

16 제리 멀러, 『성과지표의 배신』, 김윤경 옮김, 궁리, 2020.

17 김경일, '결심하고 포기하는 생활이 반복된다면?', 세바시 강연, 2020년 6월 업로드.

18 대런 하디, 『인생도 복리가 됩니다』, 유정석 옮김, 부키, 2020.

19 크리스티나 워드케, 『구글이 목표를 달성하는 방식 OKR』, 박 수성 옮김, 한국경제신문, 2018.

20 마틴 베레가드, 조던 밀른, 『죽어라 일만 하는 사람은 절대 모르 는 스마트한 성공들』, 김인수 옮김, 걷는나무, 2014.

21 제프 베조스, 『제프 베조스, 발명과 방황』, 이영래 옮김, 위 즈덤하우스, 2021.

22 크리스티나 워드케, 앞의 책.

23 린 스타트업과 MVP에 관해서는 린 스타트업의 홈페이지 The Lean Startup을 참조했다. http://theleanstartup.com/principles

24 짐 폴, 브렌던 모이니핸, 『로스』, 신예경 옮김, 앳 워크, 2018.

25 Eric Ries, 'Pivot or Persevere? The Key to Startup Success', *Entrepreneur*, 2011.

26 김난도 외, 『트렌드 코리아 2021』, 미래의창, 2020.

Part 4

27 제임스 웹 영, 『아이디어 생산법』, 이지연 옮김, 윌북, 2018.

28 곤도 마리에, 『설레지 않으면 버려라』, 홍성민 옮김, 더난출판사, 2016.

29 만다라트와 COCD박스 디자인은 나만 사(Namahn)가 개발한 서비스 디자인 툴킷을 참조했다. https://servicedesigntoolkit.org/downloads.html

30 알렉스 수정 김 방, 『일만 하지 않습니다』, 박여진 옮김, 한국경제신문, 2018.

31 마틴 베레가드, 조던 밀른, 앞의 책.

32 알렉스 수정 김 방, 앞의 책.

33 제프 베조스, 앞의 책.

34 송민령, '나이가 들면 머리 굳는다? 아니, 뇌는 변화한다—가소성', 사이언스온, 2016.

35 마틴 베레가드, 조던 밀른, 앞의 책.

계획이
실패가
되지 않게

초판 1쇄 발행 2021년 11월 30일
3쇄 발행 2022년 1월 21일

지은이 이소연
펴낸이 김선식

경영총괄 김은영

책임편집 김한솔 **디자인** 심아경 **크로스교정** 백설희
콘텐츠사업3팀 심아경, 이승환, 김은하, 김한솔, 김정택
마케팅본부장 이주화 **마케팅1팀** 최혜령, 오서영
미디어홍보본부장 정명찬 **홍보팀** 안지혜, 김민정, 오수미, 김은지, 이소영, 박재연, 이예주
뉴미디어팀 허지호, 임유나, 배한진, 홍수경 **리드카펫팀** 김선욱, 염아라, 이수인, 석찬미, 김혜원, 백지은
저작권팀 한승빈, 김재원 **편집관리팀** 조세현, 백설희
경영관리본부 하미선, 윤이경, 김재경, 오지영, 박상민, 김소영, 이소희, 최완규, 이지우, 이우철, 김혜진

펴낸곳 다산북스 **출판등록** 2005년 12월 23일 제313-2005-00277호
주소 경기도 파주시 회동길 490 **전화** 02-704-1724 **팩스** 02-703-2219
이메일 dasanbooks@dasanbooks.com **홈페이지** dasan.group **블로그** blog.naver.com/dasan_books
종이 IPP **인쇄·제본** 민언프린텍 **후가공** 제이오앤엘피

ISBN 979-11-306-7822-1 (03190)